어쩌다 대한민국 학부모!?

- 입시보다 어려운 진짜 부모 되기 -

장희재, 김민정, 구제원, 곽유영, 김정은, 백경애
위정선, 이다교, 정지영, 정태준, 최재덕, 홍혜진, 김가현
기획 정동완

교육과학사

프롤로그

"나는 어쩌다 학부모입니다"

아이를 처음 품에 안았을 때, 나는 세상을 다 가진 듯했습니다.
하지만 아이가 자라고 학교에 가고, 친구를 사귀고,
성적표를 받아오며
나는 점점 낯선 세계로 들어왔습니다.
그 세계의 이름은 바로 **'학부모'.**

누구도 학부모가 되는 법을 알려주지 않았습니다.
교과서도, 매뉴얼도 없었습니다.
그저 '다른 부모는 어떻게 하나' 눈치 보며 따라 하고,
'내 아이만 손해 보면 안 된다'는 마음으로 버티며,
'좋은 부모'라는 기준에 자신을 억지로 맞춰왔습니다.

하지만 문득, 이런 질문이 마음에 맺혔습니다.
"나는 정말 아이를 믿고 있는가?"
"내가 바라는 건 아이의 행복일까,
아니면 내 불안을 덜기 위한 성과일까?"

이 책은 그런 질문에서 시작됐습니다.
가정에서, 학교에서, 사회에서, 나는 학부모라는
이름으로 얼마나 많은 역할을 요구받았는지,

그 속에서 진짜 나와 진짜 아이는 어떻게 살아가고
있는지를 돌아보았습니다.

이 책은 정답을 주지 않습니다.
다만 저처럼 길을 헤매는 누군가에게
"당신만 그런 게 아니에요."라고 말해주고 싶었습니다.
혼란 속에서도 아이와 함께 성장하고 싶은 모든 부모에게
조용히 손을 내미는 책이길 바랍니다.

부디 이 책이
우리 아이와 나 자신에게 조금 더 따뜻한
시선을 건네는 계기가 되기를 바랍니다.
'어쩌다' 시작된 학부모의 여정이 **'그래서'** 행복할 수 있도록...

차 례

제3장 사회에서 나는 학부모

제4장 내 아이, 대한(大韓)과 대한민국 교육

제5장 선생님들의 침묵과 우리 아이

제6장 사회의 침묵과 우리 아이

제 1 장

가정에서 나는 학부모

학부모가 된다는 것

나는 부모일까, 학부모일까?

부모는 멀리 보라고 하고, 학부모는 앞만 보라고 한다.
부모는 함께 가자고 하지만, 학부모는 앞서가야 한다고 말한다.
부모는 아이에게 꿈을 꾸라고 하지만, 학부모는 꿈꿀 시간조차 허락하지 않는다.
나는 지금 부모일까, 학부모일까.

이 질문을 던진 라디오 광고의 한 문장이 내 마음을 콕 찌른다. 좋은 부모가 되기 위해 애써왔지만 어느새 나는 학부모라는 이름 아래 아이의 삶을 성적으로만 해석하고, 아이보다 먼저 조급해하며 숨 가쁘게 달리고 있었다.

나는 아이의 하루를 함께 살아가는 동반자였던 시절을 떠올렸다. 아이가 첫 걸음을 뗐을 때, 사소한 말실수에 배꼽 잡고 웃던 밤, 아이가 처음 꿈을 말했던 그 순간. 그 모든 장면들이 한 편의 영화처럼 떠올랐다. 그때 나는 부모였고 아이는 있는 그대로의 아이였다.

하지만 지금은 다르다. 아이가 시험을 치는 날은 나도 긴장하며 아침을 맞고, 성적이 좋지 않으면 아이보다 내가 더 실망하고 화를 낸다. 언제부터 아이의 마음보다 성적표를 먼저 들여다보기 시작했을까.

내가 진짜로 원했던 것은 아이의 웃음이었다. 아이의 고유한 꿈이 자라는 모습을 지켜보는 일이 나의 바람이었다. 그러나 아이가 학교에 들어선 순간, 아이는 학생이 되었고 나는 부모가 아니라 학부모가 되어 있었다.

이제는 아이의 미래를 위한 선택이 아니라 남들과 비교해 뒤처지지 않기 위한 선택이 반복된다. 어떤 학교를 보내야 하는지, 어느 학원을 선택해야 유리한지. 주말까지 채워지는 시간표는 마치 프로젝트 관리 일정표 같다. '내 아이를 잘 키우기 위해서'라는 명분 아래 나는 점점 아이와 멀어지고 있었다.

도대체 왜 이렇게 된 걸까. 왜 잘 키우고 싶은 마음이 이겨야 한다는 강박으로 변해가는 걸까. 왜 자꾸 다른 아이와 비교하며 불안해하는 걸까.

이 물음에 대한 답은 단순히 나의 문제가 아니다. 지금 이 시대를 살아가는 대한민국의 수많은 부모가 같은 질문을 품고 있다.

학부모로 산다는 것!

그 안에 숨겨진 한국 교육의 민낯을 들여다본다.

학부모가 된다는 것은, 의도와는 다른 길을 걷는 일

사전적으로 학부모는 학생의 부모라는 뜻일 뿐이다. 하지만 지금 우리 사회에서 학부모는 그 이상의 의미를 짊어진다. 성적표가 가족의 하루 기분을 바꾸고, 입시가 가족의 리듬을 흔들고, 자녀의 성공 여부가 부모의 능력으로 평가된다. '내 아이만큼은'이라는 마음으로 시작했지만, 그 마음은 비교와 불안을 부른다. 아이를 잘 키우고 싶은 마음은 여전하지만, 그 마음은 자주 방향을 잃고 결과로만 아이를 재단하게 만든다.

2024년 우리나라의 사교육비는 29조 원을 넘었다. 학생 수는 줄어드는데 사교육비는 해마다 치솟고 있다. 1인당 월평균 사교육비는 49만 원. 이 숫자는 부모의 불안이 얼마나 커졌는지를 보여준다. 청소년의 정신건강도 위태롭다. 2023년 10대 자살률은 전년보다 10.4% 증가해 역대 최고치인 7.9명을 기록했고, 중학생 자살 시도 경험률도 3.66%에서 5.99%로 크게 늘었다. 이 모든 숫자는 아이들이 건강하게 자라지 못한다는 경고다. 부모의 마음은 '건강하게만 자라면 좋겠다' '행복하게만 자라면 좋겠다'에서 '성적이 조금만 더 올랐으면 좋겠다'로 바뀌었다.

한 언론사에서 초등학생 자녀를 둔 부모 200명을 대상으로 가장 바라는 것을 물었더니, 1위는 '공부를 더 책임감 있게 했으면 좋겠다'였다. 반면 한 교육회사에서 초등학생 3,000명에게 부모에게 바라는 점을 물었을 때 1위는 '엄마, 아빠와 함께하는 시간이 더 많았으면 좋겠다'였다.
부모는 아이가 공부 잘하길 바라고, 아이들은 부모가 곁에 있길 바란다. 이 간극은 단순한 오해가 아니다. 우리 교육의 중심에서 관계보다 결과가 앞서는 현실을 보여준다. 부모와 학부모의 기대 사이에서 우리는 매일 외줄을 타듯 불안해한다. 그 불안이 아이를 밀어붙이게 하고, 부모의 마음마저 흔들리게 만든다.

다음은 실제 부모와 자녀 간 자주 일어나는 대화의 재구성이다.

엄마: "이건 네가 더 열심히 했으면 나올 수 있었던 점수야."
아이: "나도 노력했어… 그냥 나만의 속도대로 하고 싶은데…"
엄마: "그럼 나중에 후회하면 어떡해? 남들 다 하는 만큼은 해야지."

부모는 미래를 걱정하며 조언했지만 아이는 지금의 감정과 속도를 인정받고 싶어 한다.
이런 간극이 반복되면 아이는 조건부 사랑을 느끼고, 부모는 통제의 언어에 익숙해진다.
문제는 이것이 단순한 일회성 갈등이 아니라는 점이다. 반복된 대화 패턴은 가족 간의 신뢰와 감정의 거리까지 벌어지게 만든다. 부모는 아이가 무기력하다고 느끼고, 아이는 부모가 내 마음을 모른다고 여긴다. 서로가 서로에게 실망하는 상황에서, 진짜 중요한 관계는 점점 사라진다.

아이와 학부모가 함께 행복해지는 길은 없는 걸까?
결국 우리가 바라는 것은 성적표가 아니라 아이의 웃음과 부모의 마음이 만나는 순간일 것이다. 진심으로 아이를 응원하고 싶은 부모라면, 학부모라는 무게를 잠시 내려놓고 관계의 본질로 다시 돌아가야 한다.

기대와 현실 사이, 학부모로서의 삶은 왜 이토록 버거운가

대한민국에서 학부모가 된다는 것은 단지 아이를 키우는 일이 아니다. 아이를 둘러싼 입시 구조, 학군, 사교육 시스템과 매일 싸워야 하는 일이다. 부모는 단지 자녀를 사랑하는 것만으로는 부족하다는 압박 속에 살아간다. 정보를 늦게 알면 불안하고, 한 발짝 늦으면 아이의 미래가 결정된다는 식의 조급함이 일상을 지배한다.
한때는 "우리 아이는 건강하게만 자라면 좋겠다"고 말하던 부모들도, 아이가 학교에 들어가면서부터는 말이 달라진다.
'학원을 어디부터 보내야 하지?' '혹시 우리 아이만 뒤처지는 건 아닐까?'라는 걱정이 부모들의 입에서 자연스럽게 튀어나온다. 이쯤 되면 육아가 아니라 전략이 되고, 교육은 전쟁처럼 느껴지기 시작한다.
특히 초등학교 시기부터 시작되는 정보 격차는 학부모 사이에 보이지 않는 위계를 만든다. 누가 어떤 학원을 다니는지, 어느 교재가 입시에 유리한지, 소문과 후기가 학부모들 사이에서 돌고 돈다. 학부모 커뮤니티에서는 '이번 학기 수학 선행은 어디까지 해야 하나요?'라는 질문이 끊임없이 올라온다. 교육이라는 이름으로 포장된 경쟁의 장이다.

한 초등 저학년 학부모의 말이다.

"학원 안 보내면 불안해요. 남들 다 하는데 우리 아이만 못하게 하면 뒤처질까 봐요."

이러한 불안은 결코 부모만의 감정이 아니다. 불안은 분위기가 되고, 그 분위기 속에서 자라는 아이들은 본능적으로 부모의 조급함을 읽는다. 아이는 아무 말 하지 않아도 안다. 엄마, 아빠가 내 성적에 따라 표정이 달라진다는 걸, 내가 잘해야 칭찬받고 실수하면 혼난다는 걸 안다.
그 결과 아이는 사랑받기 위해 성과를 내야 한다는 메시지를 무의식적으로 받는다. 이는 아이의 자존감을 무너뜨리는 가장 빠른 길이 된다. 성취하지 못한 자신은 사랑받을 자격이 없다는 감정이 쌓일수록 아이는 시도 자체를 두려워하게 된다. 실패는 실망을 낳고, 실망은 소외로 이어진다.

필요한 건 성적표가 아니다. 아이에게 진짜 필요한 건 나를 있는 그대로 바라봐주는 눈빛이다. 성적이 좋지 않아도 괜찮다고 말해주는 목소리, 노력한 걸 알아봐 주는 관심, 아이의 이야기를 들어주는 시간이 그 어떤 학습 전략보다 강력한 힘이 된다. 아이는 그런 부모의 존재 안에서 자신을 믿는 법을 배우고, 실패에도 다시 일어나는 힘을 얻게 된다.

학부모로서 살아간다는 건 때때로 좋은 부모라는 이상과 현실 사이에서 방황하는 일이다. 하지만 그 중심에 아이와의 관계가 있다면, 우리는 그 방황 속에서도 방향을 잃지 않을 수 있다.

부모의 모습으로 돌아가는 길, 참된 교육의 시작

학부모라는 이름은 사회가 만든 현실이지만, 부모라는 정체성은 선택의 문제다. 우리는 원치 않더라도 사회 구조 속에서 학부모가 되고, 아이의 경쟁력과 성취를 관리하는 역할을 맡게 된다. 그러나 그 안에서도 다시금 선택할 수 있다. 아이를 바라보는 시선만큼은 부모의 눈으로 바꿀 수 있다.

경쟁이 아니라 관계, 성과가 아니라 성장, 비교가 아니라 기다림으로 아이를 바라보는 연습을 다시 시작해야 한다. 이 연습은 단번에 되지 않는다. 때로는 주위의 속도에 흔들리고, 나보다 앞서가는 누군가를 보며 조급해질 수도 있다. 하지만 중심을 붙잡고 다시 돌아가는 것이 중요하다. 아이는 지금도 자라고 있고 그 자람의 방향은 부모의 시선에 따라 달라진다.

아이와 함께 웃는 시간이 많아질수록 공부도, 진로도, 인간관계도 서서히 제자리를 찾아간다. 웃음은 단순한 감정이 아니라, 아이가 자신이 존중받고 있다는 신호를 받는 방식이다. 이 작은 웃음 하나가 아이의 자존감과 회복 탄력성을 높여준다. 공부의 동기는 외부에서 주입되기보다, 아이가 스스로 의미를 느낄 때 생겨난다.

성적에 따라 기뻐하거나 낙심하는 대신, 그 안에 담긴 아이의 노력과 감정에 주목할 수 있다면 우리는 여전히 좋은 부모다. 더 높은 점수를 바라는 마음보다 노력의 과정을 인정해주는 말 한마디가 아이에게는 더 오래 남는다. 진심으로 아이의 성장을 응원하고 싶다면 지금 이 순간, 부모의 시선으로 돌아와야 한다. 그 시선은 따뜻하고 느리며, 때로는 멈출 줄도 아는 시선이다. 아이의 속도에 발을 맞추고, 아이의 감정에 반응하며, 아이의 세계를 함께 살아가는 자세가 필요하다. 그것이 교육의 출발점이며 아이와 함께 행복해질 수 있는 유일한 방향이다.

오늘 나는 아이의 성적보다 아이의 얼굴을 더 오래 바라보았는가? 아이의 말보다 내 지시가 더 많지는 않았는가?
나는 내 마음을 들여다보았는가?

내 아이, 정말 내가 키우고 있나?

사교육이라는 일상 속에서 놓치고 있는 것들

그거, 우리가 집에서도 해 주잖아

아이를 낳고 100일 즈음, 봄이 왔다.

처음 맞이하는 따뜻한 계절이 설레기도 하고, 밖에 나가야 할 것 같은 의무감도 있었다. 그래서 아이를 안고 집 근처 백화점 문화센터에 들렀다.

'아이와 함께하는 오감 발달 놀이 프로그램'이라는 안내문이 눈에 들어왔고, 망설임 끝에 체험 수업에 들어갔다.

'이렇게 이른 시기에 과연 필요할까?' 싶었지만, 교실 안은 이미 유모차와 아기띠, 젖병 가방으로 가득했다. 또래 아이들, 그리고 익숙한 듯 행동하는 엄마들. 나만 모르는 세계가 있는 듯했다.

강사는 밝은 목소리로 "이제 아이 손에 밀가루를 쥐어 주세요!" 하고 외쳤다. 아이는 작은 손으로 밀가루를 쥐고 놀다가, 딸기를 으깨 먹고, 음악에 맞춰 두 팔을 흔들었다. 사진을 찍고 영상을 남기며 나는 뿌듯했다.

'그래, 이렇게 노출되고 자극받는 게 도움이 되겠지.'

그 후로 나는 일주일의 절반을 문화센터에서 보냈다.

아기 영어 수업, 미술놀이, 베이비 요가… 함께 수업을 듣는 엄마들과도 금세 친해졌다.

"이 강의는 발달 자극에 좋대요."

"우리 애는 아직 뒤집기도 못하는데, 이 수업 듣고 나서 뒤집었어요."

누가 먼저랄 것도 없이 우리는 정보를 공유했고, 어느새 수업을 기준 삼아 아이의 발달을 평가하고 있었다.

그러던 어느 날, 집에 돌아와 찍어둔 영상을 보며 남편에게 자랑하듯 말했다.

"여기 봐, 이렇게 딸기도 으깨고, 손으로 그림도 그리고… 너무 귀엽지?"

그런데 남편은 잠시 영상을 보다 말고 이렇게 말했다.

"그거, 집에서도 맨날 해주는 거잖아. 왜 돈 주고 또 하러 가?"

그 한마디가 나를 멍하게 만들었다. 순간, 사진 속 아이의 웃음이 낯설게 느껴졌다. 나는 왜 그토록 바쁘게 아이를 어딘가에 데려다주고 있었을까? 아이에게 필요한 자극이 아니라, 내 마음의 불안을 달래기 위해?

그리고 나는, 다음 날도 그 수업에 갔다. 그렇게 시작된 아이의 사교육은 고등학생이 된 지금까지, 단 한 번도 멈춘 적이 없다.

언제부터 우리는 아이를 '위탁 양육'하기 시작했을까

부모가 아이를 교육기관에 보내는 이유는 각기 다르다. 가정에서 제공하기 어려운 자극을 주고 싶어서, 또래 관계를 형성하게 해주기 위해, 혹은 현실적인 이유인 맞벌이 부부의 시간 확보를 위해서이기도 하다.
그 자체가 잘못은 아니다. 문제는 '보충'이 '기본'이 되고 있다는 점이다. 동아일보(2023.7.12) 보도에 따르면 6세 아동의 절반 이상이 세 가지 이상의 사교육을 받고 있으며, 초등학교 입학 전 사교육 경험률은 88%에 이른다. 0~6세 아이들이 평일 하루 평균 2시간 이상의 정규 수업을 받고 있다는 보고도 있다. 이제 사교육은 남들보다 앞서기 위한 선택이 아니라, 기본 생존을 위한 필수처럼 여겨지고 있다. 엄마들 사이에서는 이런 말도 돈다.

"수업 하나만 빼도 불안해져요."
"하루 비는 시간이 있으면, 뭔가 손해 보고 있고, 뭔가 채워서 해야 할 것 같은 기분이에요."

정작 우리 아이는 어떤가? 아이에게는 누가 더 많이 아느냐가 아니라, 어떤 걸 느끼고, 어떻게 배우느냐가 더 중요하다. 하지만 우리는 그 중요한 감각을, 누군가에게 외주 주고 있는 건 아닐까?

부모의 불안이 만든 '교육의 외주화'

"우리 아이, 말문이 좀 늦은 것 같아요."
"지금부터 영어 안 시키면 나중에 늦는 거 아니에요?"

부모 모임에서 종종 들리는 이야기다.
전문가의 말 한마디, 옆집 아이의 속도, 유튜브 알고리즘 하나가 부모의 마음을 흔든다. 그 불안은 어느새 정보 수집으로 이어지고, 정보는 결정으로 이어진다. 어떤 학원, 어떤 강사, 어떤 커리큘럼이 더 낫다는 평가가 쏟아진다. 그러는 사이, 부모는 점점 학습 매니저가 되고, 아이는 그 시스템의 소비자가 되어간다.

"나보다 선생님이 우리 아이를 더 잘 아는 것 같아요."
"어떻게 놀아줘야 할지도 모르겠어요."
이런 말을 하는 부모들이 늘어나고 있다. 부모의 불안은 결국 교육의 외주화를 만들고, 그 외주가 반복되면 부모와 아이 사이의 감정적 거리는 점점 벌어질 수밖에 없다.

하루 일과를 생각해 보자.
아침, 아이는 잠결에 일어나 유치원 또는 학원으로 향하고, 오후는 수업과 숙제로 채워진다. 부모는 아이를 데리고 다니고, 숙제를 확인하며, 피드백을 듣고 다음 일정을 준비한다.
그러다 보면 정작 마주 앉아 눈을 마주치고 이야기 나누는 시간은 놀라울 정도로 짧다. 부모가 아이를 직접 돌보고, 감정에 반응하고, 시간을 쌓는 대신, 우리는 점점 '관리자'가 되어간다.

그리고 문득 묻는다.
“나는 정말 내 아이를 직접 키우고 있는 걸까?”

전문가들은 말한다. 유아기에 필요한 건 선행학습이 아니라, 감정 조절 능력, 놀이를 통한 자율성, 관계 맺기 경험이다. 정서적 안정, 부모와의 안정된 애착이야말로 평생의 학습 능력과 자기조절력의 기초가 되지만 현실에서는 공교육에 대한 불신, 지역 간 격차, 부모의 피로도, 경제적 계층 간 정보 격차로 인해 사교육을 ‘사실상 유일한 선택지’처럼 만들고 있다.
하지만 그 모든 조건에도 불구하고, 우리가 지금 다시 질문해야 할 것은 단순하다.
‘내 아이의 일상을 가장 가까이서 지켜봐 주는 사람은 누구인가?’
‘나는 오늘 아이와 눈을 몇 번 맞췄는가?’
‘아이가 보낸 오늘 하루를 나는 얼마나 알고 있는가?’

이 질문은 우리를 부모로 다시 세운다.
내가 불안 때문에 선택한 사교육인지, 아이와의 시간을 대신할 무언가로서 학원을 선택한 것은 아닌지, 그리고 무엇보다, 내 아이가 진짜 원하는 것이 무엇인지 다시 생각하게 만든다.
아이들이 우리에게 바라는 건 더 많은 수업이 아니다.
함께 걷고, 웃고, 실수해도 괜찮다고 말해주는 하루하루다.
그리고 그 하루를 쌓아가는 사람은 그 누구도 아닌 부모다.

내 아이를 정말 내가 키우고 있는가

내가 직접 놀아주는 대신 누군가의 수업을 선택할 때, 내가 아이의 속도 대신 '남들보다 빠름'을 기준으로 결정할 때, 아이의 감정보다 내 불안이 앞서고 있다면, 지금 이 질문 앞에 서야 한다.

"내 아이, 정말 내가 키우고 있는가?"

그 질문은 아이가 아닌, 부모인 나를 향한 질문이다.
그리고 그 답을 찾는 순간, 우리는 진짜 부모의 자리로 돌아갈 수 있다.

마음 한 칸, 생각 메모

마음이 들려주는 이야기를 남겨 보세요.

공부도 사람됨도 함께 자라게 하려면

잘하는 아이보다 잘 자라는 아이로

"공부는 잘하는데 아이가 너무 예민해서 친구랑 자주 다퉈요."
"성격은 정말 착하고 따뜻해요. 그런데 공부에는 영 관심이 없어요."

아이를 키우는 부모 모임에서 빠지지 않고 들리는 말들이다. 처음엔 '성격이 착하면 됐지!' 하고 마음을 놓다가도 시험 일정이 다가오면 다시금 마음 한구석이 조급해진다. 성적표 한 장에 담긴 숫자가 내 아이의 가능성을 가늠하는 것만 같고, SNS 속 또래 아이들의 수상 이력이 우리 아이보다 몇 걸음 앞서 있는 듯 느껴진다.
결국, 나는 자신에게 묻는다.
'지금 이 아이에게 정말 필요한 것은 무엇일까? 학업일까? 인성일까? 이 둘 중 하나만 택해야 한다면 어떤 것을 고르는 게 맞을까.'
부모는 이 질문 앞에서 늘 흔들린다. 그러나 이것은 선택의 문제가 아니라, 균형의 문제다. 우리가 자꾸 흔들리는 이유는 무엇이 더 중요하냐는 식의 이분법적 사고 때문이다. 그러나 실제로 중요한 건 얼마나 균형 있게 자라고 있는가이다.

학업이 아이에게 주는 힘

학업은 미래를 여는 준비다. 학업의 중요성을 부정할 수는 없다. 시험과 성적은 어른이 만든 제도지만 그 안에서 아이들은 자란다. 입시와 취업, 사회 진입의 과정에서 학업 성취는 분명 아이에게 기회의 폭을 넓혀주는 도구가 된다.
학습을 통해 아이는 정보를 수집하고 자기 생각을 정리하며 문제를 해결하는 과정을 배우게 된다. 이러한 사고력과 자기주도성은 성인이 되어 자신의 삶을 설계하는 힘으로 이어진다. 실제로 미국 심리학자 반두라(Albert Bandura)는 자기효능감이 높은 아동일수록 학습 동기와 성취 수준이 높다고 했다. 그리고 이 자기효능감은 스스로 문제를 해결하고 목표를 달성하는 반복 경험을 통해 형성된다.

공부는 그 반복 경험의 장이기도 하다. 그러므로 아이가 스스로 목표를 세우고 성취하는 경험을 돕는 것은 매우 중요하다. 하지만 여기서 멈추지 말아야 한다. 단순히 목표를 세우는 것에서 끝나지 않고, 과정 안에서 작은 성공을 경험하게 하는 구조적인 환경이 필요하다.

예를 들어, 하루 학습을 시작하기 전 아이가 스스로 오늘의 목표를 짧게라도 말하게 하고, 학습 후에는 "오늘 어떤 점이 가장 잘됐다고 느꼈어?"처럼 성취를 되돌아보는 루틴 대화를 만들어보자.

실패하거나 목표를 달성하지 못했을 때도 "그럼 내일은 어떤 식으로 다시 시도해 볼까?"라고 묻는 회복 탄력적 피드백이 중요하다.

또한, 성취가 작더라도 부모가 관찰하고 긍정적으로 반응해 주는 것이 핵심이다. "이번엔 끝까지 읽어냈구나." "중간에 포기하지 않고 다시 시작한 게 대단해."

이러한 말 한마디가 아이에게는 자기효능감의 씨앗이 된다. 학습은 단지 지식을 습득하는 행위가 아니라, 아이 자신을 신뢰할 수 있는 경험의 누적이다. 학업의 결과보다 더 중요한 것은 그 과정을 통해 아이가 자신의 가능성을 믿는 힘을 얻는 것이다. 부모의 역할은 아이가 그 힘을 키울 수 있도록 옆에서 지켜봐 주고 기다려 주고 질문해 주는 것이다.

인성이 삶의 뿌리가 되는 이유

우리는 다시 묻는다.

"그렇게 공부해서, 결국 어떤 어른이 되기를 바라는가?"

인성은 삶을 지탱하는 뿌리다. 지식이 많아도 타인과 함께 살아갈 수 없다면 그 지식은 결국 관계에서 기능을 잃는다. 공감할 줄 모르고, 실패에 쉽게 무너지며, 비판을 방어로만 받아들이는 어른은 결국 배운 것을 삶에서 쓸 수 없는 사람이 된다. 인성은 사람됨의 기반이다. 자기감정을 조절하고 타인의 처지를 이해하며 자기 실수를 인정할 줄 아는 태도는 평생을 살아가는 데 있어서 가장 중요한 힘이다.

이러한 인성은 어디서부터 길러질까? 정답은 '가정'이다. 부모의 말투, 반응, 기다림, 감정 조절 방식, 실수 앞에서의 태도… 이 모든 것이 아이에게 '사람은 이렇게 살아가는 거야'라는 무언의 메시지로 전달된다.
공감과 배려, 자기 조절력은 일상에서 부모가 어떻게 반응하느냐에 따라 가장 먼저 형성되는 것이다. 그래서 중요한 것은 작은 순간에 담긴 반복적인 실천이다.
예를 들어, 아이가 실수했을 때 "왜 그랬어?" 대신 "다음엔 어떻게 하면 좋을까?"라고 묻는 것,
형제끼리 다퉜을 때 옳고 그름을 가리기보다 서로의 감정을 말로 표현하게 하고 "그럴 때 네 기분은 어땠어?"라고 공감해주는 것,
부모가 화를 냈다면 "엄마도 오늘은 감정 조절이 어려웠어. 미안해."라고 사과하는 것.

이처럼 아이는 부모의 말 속에서가 아니라 부모의 태도 안에서 사람됨을 배운다. 또한, 하루 10분이라도 아이와 대화하는

시간을 정해 아이가 자신의 감정을 설명하고, 부모는 판단 없이 들어주는 감정 정리 루틴을 만들어보자. 이처럼 인성 교육은 특별한 시간에 특별한 방식으로 하는 것이 아니라, 일상의 반응 속에서 일관되게 흘러나오는 삶의 태도다.

내 아이가 어떤 어른이 되기를 바라는가?

우리는 매일 아이를 바라보며 고민한다. 공부는 얼마나 잘하고 있는지, 친구들과 잘 어울리는지, 남들보다 앞서 있는지 혹시 뒤처지고 있는 건 아닌지… 그 불안 속에서 자꾸만 성적표를 들여다보고 아이의 말과 행동에 기대와 걱정을 섞어 말하게 된다. 하지만 결국 우리가 진심으로 원하는 것은 공부 잘하는 아이가 아니라 잘 살아가는 사람으로 자라나는 아이일 것이다. 공부는 아이가 세상을 이해하고 기회를 넓히는 도구다. 하지만 그 도구를 어떻게 사용할 것인지 그 선택을 이끌어주는 힘은 인성에서 온다.

공감할 줄 알고, 책임질 줄 알고, 자기감정을 다스리고 타인의 처지를 생각할 줄 아는 힘. 그런 힘을 가진 아이는 지식이라는 도구를 삶에서 제대로 사용할 수 있다. 그렇기에 가정에서의 균형은 선택의 문제가 아니라 방향의 문제다. 공부만 강조한다고 해서 아이가 무너지지는 않지만 인성을 무시한 채 성취만 강요하는 순간 그 아이는 성적표 뒤에 지친 마음을 감추게 될 수 있다.

균형이란 학업과 인성을 시간으로 나누는 것이 아니라 무엇이 진짜 중요하다고 말해주는지를 아이가 느끼게 하는 것이다. 이 균형을 위해 부모인 나부터 연습해야 한다.

성적이 아닌 태도를 칭찬하고, 학습만큼 대화를 나누고, 완벽한 어른이 아니라 실수하고 회복하는 어른의 모습을 보여주는 것… 이런 작은 태도가 공부도 하고 사람도 되는 아이로 자라게 한다. 결국, 매일 흔들릴 수밖에 없는 우리에게 가장 중요한 질문은 이것이다.

"이 아이가 자라서 어떤 어른이 되었으면 좋겠는가?"

그 질문의 답을 마음에 품고 부모로서 어떻게 아이와 관계를 맺고 어떤 태도와 방식으로 아이를 이끌고 정서적 · 지적 · 도덕적으로 성장할 수 있도록 도울까 고민하는 부모라면 우리는 충분히 좋은 부모이고, 우리 아이는 자기다운 속도로 자기다운 방식으로 더 깊고 단단한 삶을 살아갈 수 있을 것이다.

마음 한 칸, 생각 메모

마음이 들려주는 이야기를 남겨 보세요.

사교육과의 전쟁이 아닌, 부모의 공부로

비교와 불안을 넘어서, 내 아이에게 꼭 맞는 속도로

사교육이라는 단어가 불편한 이유

"사교육과의 전쟁."

이 표현을 처음 들었을 때 마음에 걸렸다. 나는 독서 중심 국어학원을 운영하며 수년간 학부모들과 아이들을 만나왔다. 그 과정에서 느낀 것은 사교육이 불필요한 교육을 조장하는 곳이 결코 아니고, 단순히 피해야 할 대상도, 무조건 옳은 길도 아니라는 점이다. 문제는 '사교육' 그 자체가 아니라, 사교육을 대하는 우리의 태도다.

사교육에 지쳐가는 진짜 이유는 제도보다는 불안, 비교, 소문에서 온다. '남들은 다 한다'는 초조함, '이 학원 보내면 성적이 확 오른다더라'는 기대, '유명한 데니까 일단 가보자'는 심리. 우리가 진짜 싸워야 할 대상은 이런 근거 없는 불안과 조급함이다.

내 아이가 아닌, 남의 아이 기준으로 결정하지 않기

많은 부모들이 특정 학원의 입학 테스트에 붙기 위해 다시 과외를 붙인다. 그 과정에서 가장 중요한 질문은 종종 빠진다. "그 학원이 진짜 내 아이와 맞는가?"

학원 마케팅은 언제나 실적과 입시 결과를 앞세운다. 서울대와 의대 진학 수, 전교 1등 배출, 특목고 진학률 등등. 하지만 그 수치는 내 아이의 현재 상태와는 전혀 다를 수 있다.

교육은 소비가 아니다. 진짜 교육은 '남의 아이'가 아니라 '내 아이'를 기준으로 시작해야 한다.

맞춤이 없는 사교육 선택은 방향 없는 경쟁이 되고, 이는 아이를 지치게 만든다. 아이의 성향, 현재 수준, 흥미, 속도에 맞는 학습이 이루어져야만 사교육도 제대로 된 효과를 발휘한다.

부모는 감독자가 아니라, 공부하는 동반자

아이의 공부를 돕는 부모의 역할은 '관리자'가 아니라 '동반자'여야 한다. 아이가 무엇을 배우고, 어떤 과목을 어려워하며, 어떤 영역에 흥미를 보이는지. 이 모든 것에 대해 일상적인 대화를 통해 자연스럽게 알아가야 한다.

무엇보다 중요한 것은 아이와의 관계에서 안전한 분위기를 만드는 것이다. 아이가 "모르겠다"고 말할 수 있고, "잘하고 싶다"고 털어놓을 수 있을 때, 부모는 진짜 교육의 출발점에 서게 된다.
그때 사교육은 보완적 도구로 자리 잡는다. 부족한 부분을 메워주고, 학교 수업이 미처 다루지 못하는 영역을 보충하며, 아이가 자기 속도로 학습할 수 있게 도와주는 기능. 사교육은 '못해서' 받는 것이 아니라, '더 잘하기 위해' 선택하는 것이 되어야 한다.

공교육이 줄 수 없는 것, 사교육이 채워야 할 것

공교육은 모든 아이에게 같은 기준을 제공하는 시스템이다. 공정하고 균형 잡힌 교육이라는 장점을 가지지만, 개별화된 학습에는 한계가 있다.
아이마다 이해 속도도 다르고, 강점과 약점도 다르다. 어떤 아이는 수업이 너무 쉬워 지루해하고, 또 어떤 아이는 따라가지 못해 자신감을 잃는다. 이런 경우, 사교육은 단순한 보충이 아니라 맞춤형 조율의 수단이 된다.
중요한 건 '얼마나 시키느냐'가 아니라 '왜 시키느냐'다. 사교육의 방향이 '남보다 앞서기'가 아닌, '내 아이의 이해와 성장'을 중심에 둔다면, 그것은 절대 과한 투자가 아니다.

기초학력기에는 '앞섬'보다 '성실함'을

초등학교 6년, 중학교 3년. 이 9년은 아이에게 가장 중요한 기초학력기다. 이 시기의 목표는 '남들보다 앞서가는 것'이 아니라, 모르는 것이 없도록 하는 것, 그리고 공부하는 습관을 길러주는 것이다. 교과서를 성실하게 읽고, 기본 문제를 스스로 해결해 보는 과정 속에서 아이는 작은 성취의 기쁨을 경험하고, 그 경험이 곧 자기효능감이 된다. "나는 할 수 있다"는 마음은 어떤 입시 전략보다 더 강력한 힘을 만들어낸다.

부모는 이 시기 아이의 성실함을 지켜주어야 한다. 사소해 보이는 교과 개념 하나, 문제 하나가 아이의 공부 자존감을 결정짓기도 한다. 그리고 이 과정을 함께하는 가운데 부모도 아이의 강점과 흥미를 자연스럽게 알아가게 된다.

고등학교 3년, 등급보다 방향을 보는 시기

고등학교 시기는 현실적으로 '등급'과 '점수'라는 체계 안에서 평가받는다. 하지만 부모가 이 잣대를 고스란히 아이에게 들이대는 순간, 아이는 공부를 나의 성장이 아닌 부모의 불안 해소 수단으로 느끼게 된다.

부모는 아이를 '한 줄로 세우는 사람'이 아니라, 고유한 줄기를 키우는 사람이다. 국어가 강점인 아이도 있고, 수학에 흥미를 느끼는 아이도 있다. 누군가는 예체능에 재능을 드러낸다. 고교학점제, 고교 5등급제 등 최근의 변화된 제도는 획일적인 줄 세우기보다 개별 진로 중심의 평가와 성장을 지향한다.
부모가 이 방향성을 이해하고 지지할 때, 아이는 공부라는 환경 속에서도 자신의 길을 찾아갈 수 있다.

사교육, 불안이 아닌 동행으로

아이의 성장은 부모의 성찰과 함께 간다.
공교육이든 사교육이든, 그 중심엔 언제나 아이의 가능성과 부모의 태도가 있다. 공부는 아이만 하는 것이 아니다. 부모도 함께 배워야 한다. 내 아이를 이해하고, 스스로 자신의 가능성을 발견할 수 있도록 응원하며, 때로는 한 발 뒤에서 조용히 지켜봐주는 것, 그것이 진짜 부모의 공부다. 우리는 사교육과 싸우는 것이 아니다. 비교와 불안을 내려놓고, 아이와 함께 걷는 길을 선택해야 한다.
그 길은 전쟁이 아니라, 동행이라 불러야 마땅하지 않을까?

부모의 조급증과 아이의 속도

조용히 다가오는 불안의 그림자

"너만 이러고 있을 수는 없어."
"지금 이 시기를 놓치면 평생 후회해."

아이에게 건넨 이 말, 사실은 부모가 스스로에게 하고 있는 말일지도 모른다. 나는 독서 중심의 국어학원을 운영하면서 수많은 부모들을 만났다. 그들 대부분은 좋은 부모가 되기 위해 노력하고, 최선의 선택을 하려고 애쓴다. 하지만 그 과정에서 '조급함'이라는 감정이 교육 결정에 깊이 개입해 있음을 자주 느낀다. 아이의 속도보다 부모의 불안이 앞설 때, 그 가정엔 말하지 못하는 무거운 긴장감이 흐른다. 이 글은 그런 부모의 조급함을 바꾸자고 말하기보다, 그 조급함의 뿌리를 함께 들여다보자는 제안이다.

나는 어떻게 그런 부모가 되었을까

부모의 조급함은 단지 아이의 성적 때문만은 아니다. 그 감정은 종종 부모 자신의 성장 경험에서 비롯된다. 지금의 부모 세대는 산업화 시대의 교육 시스템 속에서 자랐다. 질문보다 암기가 우선이었고, 빠르게 적응해야 했으며, 실패는 용납되지 않았다. 그런 환경 속에서 자란 부모들은 자기 속도로 배워본 경험이 부족하다. 그래서 아이가 느리게 자라거나 망설이는 순간, 불안이 앞서기 쉽다.

"공부도 해본 사람이 도울 수 있고, 실패도 겪어본 사람이 기다릴 수 있다."

부모가 먼저 자기 자신을 돌아보는 것, 그게 아이의 속도를 이해하는 첫걸음이다.

많은 부모는 아이의 학습을 일정한 속도로 전진하는 직선처럼 여긴다. 하지만 실제 배움은 멈춤과 도약이 반복되는 '계단형 성장'이다. 겉으로는 멈춘 듯 보이지만, 그 시간 속에서 감정과 인지, 사회성의 뿌리를 다지고 있다.

문제는 이 멈춤을 실패로 오해하는 시선이다. '지금 못하면 큰일 난다'는 조급함은 아이의 호흡을 방해한다. 그러나 아이가 진짜 도약하는 순간은, 언제나 충분히 멈춰본 다음에 찾아온다.

꼬리만 봐도 토끼, 꼬리만 봐도 호랑이

학부모 상담을 하다 보면, "꼬리만 봐도 토끼, 꼬리만 봐도 호랑이"라는 말을 자주 전하게 된다. 아이마다 타고난 기질과 성향이 있고, 그 본질은 억지로 바꾸기 어렵기 때문이다.
토끼에게 호랑이 교육을 시킨다고 호랑이가 되지 않듯, 아이를 세상 기준에 맞추기 위해 본래 성향과 전혀 다른 길로 몰아세우면 아이의 마음은 점점 지쳐간다.
그리고 그 기준이 '호랑이가 토끼보다 낫다'는 식의 가치 판단에서 비롯되었다면, 그건 결국 어른들의 기준일 뿐이다.
아인슈타인은 이렇게 말했다.
"모든 사람은 천재다. 하지만 물고기를 나무 타기 시험으로 평가한다면, 그 물고기는 평생 자신이 멍청하다고 믿으며 살 것이다."

아이를 알 때 기다림이 가능해진다

아이들은 타고난 자신을 존중하고 사랑하며, 자신의 강점을 발견하고 키우는 데 집중해야 한다. 가능성은 노력할 때 비로소 열린다. 환경은 아이를 자극하고 성장시키지만, 그 자극을 받아들이고 변화로 이어가는 힘은 결국 아이 자신의 의지다.
부모의 역할은 아이가 스스로를 잘 알도록 돕고, 그 의지가 꺾이지 않도록 꾸준히 걸어갈 수 있는 환경을 만드는 것이다.

아이의 속도와 방향을 받아들이려면, 먼저 그 아이를 제대로 아는 과정이 필요하다.
내가 운영하는 학원에서는 유전자 지문 적성검사를 통해 선천적이고 유전적인 아이의 기질과 대뇌의 영역별 강도, 학습민감도, 선천적 재능 등을 분석한다.
어느 어머니는 산만한 아이 때문에 걱정이 많았다. 하지만 검사 결과, 그 아이는 시각적 · 공간적 사고가 탁월했고, 교과형 수업보다는 활동 중심 학습에서 몰입하는 유형이었다. 어머니는 아이를 '산만한 아이'가 아닌, 다르게 집중하는 아이로 보기 시작했고, 변화는 놀라웠다. 또 다른 부모는 검사를 통해 자신이 결과 중심 성향이라는 사실을 처음 알았다. 아이가 말이 느릴 때마다 답답해했지만, 이제는 그 침묵조차도 아이의 생각이 자라고 있는 시간임을 알게 되었다. 유전자 지문 적성검사는 단지 도구일 뿐이다. 하지만 그 결과를 통해 '왜 이렇게 느릴까'에서 '이 속도로 무엇을 배우고 있을까'로 질문이 바뀐다면, 기다림은 훨씬 수월해진다.

존중의 속도로 살아가는 연습

조급함은 아이를 '미래의 성과'로만 바라보게 한다. "지금 못하면, 나중에도 안 될 거야."

그러나 아이는 지금도 성장하고 있다. 하루하루 자기만의 속도로 배우고 있다.
부모는 아이의 속도를 조정하는 존재가 아니라, 그 속도에 맞춰 함께 걸어주는 사람이다.

어떤 아이는 치타처럼 달리고, 어떤 아이는 나무늘보처럼 걷는다. 하지만 중요한 건 누가 더 빠른가가 아니라, 각자가 가진 고유한 리듬을 존중하는 시선이다. 아이의 속도는 억지로 바꾸는 것이 아니라 이해하고 응원하는 것이다.
그 속도는 성장의 온도와 같다. 너무 서두르면 데이고, 너무 늦으면 미지근해진다. 적정한 기다림의 온도, 그것이 부모의 몫이다.
'내 아이는 왜 이렇게 느릴까'라는 조급함 대신, '이 속도로 무엇을 느끼고, 배우고, 성장하고 있을까'를 묻는 부모가 되어야 한다. 부모의 기다림은 단지 참는 것이 아니라, 아이를 향한 깊은 신뢰의 표현이다. 우리는 아이와 경쟁하는 사람이 아니라, 아이 곁에서 함께 걷는 사람이다. 그 길이 빠르든 느리든, 함께 끝까지 걷는다면 반드시 도착한다.

속도가 아니라 방향,
비교가 아니라 이해,
평가가 아니라 존중.
이것이 조급함을 넘는 교육의 본질이다.

아이를 믿는다는 것의 어려움

믿고 기다리는 일은 사랑보다 더 큰 용기가 필요하다

'아이를 방치하는 거야?'라는 말 앞에서

큰아이는 2006년생이다.

중학교 2학년을 준비하는 해에 코로나19가 갑자기 시작됐다. 학교는 멈췄고, 학원도 문을 닫았다. 처음에는 당황스러웠지만, 그 공백은 뜻밖의 기회처럼 느껴졌다. 진짜 자기주도 학습의 시간을 아이에게 줄 수 있었기 때문이다.

사실 큰아이는 어릴 적부터 조금 남달랐다. 유행처럼 돌던 학습지나 단과 학원에는 큰 관심이 없었다. 다른 아이들처럼 피아노를 배우는 대신 플루트를 배우고 싶다고 해서 몇 년을 꾸준히 했고, 영어는 일반 학원이 아닌 통역 학원을 선택했다.

모두 아이 스스로의 선택이었다.

중학교 진학을 앞둔 겨울방학, 주변 엄마들 사이에서는 어김없이 "예비 중1이면 어디 학원 보내?"라는 말이 오갔다.

나는 짧게 대답했다.

"아직은 학원에 안 가려고 해서요. 혼자 공부 해보려고 해요."

그 말을 들은 엄마들은 눈을 크게 떴다.

"중학교는 초등학교랑 달라. 괜찮겠어?"

"요즘은 중1부터 내신 관리해야 해."

나는 겉으로는 웃으며 넘겼지만, 마음속에서는 약간의 흔들림이 있었다. 그럼에도 나는 아이의 선택을 존중했다. 스스로 계획을 세우고, 원하는 방식으로 공부하게 하자고 마음먹었다. 하지만 고등학교 입학 후 첫 중간고사 결과가 나왔을 때 나는 충격을 받았다. 기대보다 훨씬 낮은 점수였다. 평소 실력에 비해 너무 저조한 결과였다. 결과지를 손에 든 아이는 아무 말도 하지 않았고, 나도 말없이 벽을 바라봤다.

"엄마, 나 열심히 했는데…" 아이가 조용히 말했다.

그 한마디에 나는 복잡한 감정이 올라와 눈물이 날 뻔했다. 아이가 한 노력을 지켜보았기 때문이다. 그때 들려온 주변의 말이 나를 더 아프게 했다.

"이제는 학원 보내야겠네. 아니, 똑똑한 애인데 왜 엄마가 방치해?"

그 방치라는 단어가 오래도록 내 마음속에 박혔다. 나는 내 아이를 내버려둔 것이 아니었다. 믿고 기다려준 것이었다.

그런데 왜, 그 믿음은 이렇게 쉽게 흔들리는 걸까?

사랑은 본능이지만, 믿음은 훈련이다

사랑은 부모에게 있어 자연스러운 감정이다.
아이가 처음 웃었을 때, 손을 잡았을 때, 이름을 불렀을 때… 우리는 이미 사랑하고 있었다. 하지만 믿음은 다르다. 믿음은 감정이 아니라 결정이고, 훈련이고, 때로는 인내심을 시험하는 시험대다. 특히 학습이나 진로처럼 결과가 보이는 문제 앞에서는, 말로는 믿는다고 하면서도 마음속 깊은 곳에서는 끊임없이 조바심이 인다. '이대로 괜찮을까?' '남들보다 느린 거 아닌가?' '지금 도와줘야 하는 건 아닐까?' 그 불안은 아이의 선택을 의심하게 만들고, 결국은 다시 통제하려는 시도로 이어진다. 나도 예외는 아니었다. 사교육 현장에서 일하는 나는 누구보다 입시와 진로에 대해 많이 보고 듣고 분석해 온 사람이다. 그런 내가 내 아이 앞에서는 흔들렸다.

'혹시 내가 너무 방임한 건 아닐까?'

'지금이라도 뭔가 해줘야 하는 게 아닐까?'

믿음은 생각보다 훨씬 어렵고 실천은 더 복잡했다.

내가 아는 아이, 그 아이가 전부가 아니다

믿음이 흔들릴 때마다, 나는 다양한 진단 검사를 활용했다. MBTI, 학습 유형 검사, 진로 적성 분석… 조금이라도 더 아이를 이해하고 싶어서였다. 한 번은 검사 결과지를 아이와 함께 보던 중 아이가 고개를 갸웃하며 말했다.
"엄마, 나 이런 거 다 아닌데? 그냥 내가 느끼는 건 그런 게 아니야."
그때 깨달았다. 검사보다 중요한 건 지금 이 순간 아이의 말이었다. 진단은 참고일 뿐 답은 아니다. 부모는 아이를 가장 잘 아는 사람인 동시에 가장 쉽게 오해하는 사람이기도 하다. 과거의 모습, 익숙한 반응, 나만의 기준을 통해 아이를 해석하기 시작하면, 지금 변화하고 있는 아이의 가능성을 놓칠 수 있다.
아이들은 자라고, 변하고, 움직인다. 믿음은 그 변화를 인정하는 데서부터 시작된다. 아이의 말에 귀 기울이고, 실패의 순간에도 포기하지 않고 기다려주는 것. 그것은 결코 수동적인 방관이 아니다. 가장 능동적인 지지다.

믿는다는 것은 함께 기다리는 용기다

믿음은 행동이다. 그 행동은 개입이 아니라, 존중의 태도에서 시작된다. 조급한 조언 대신 "어떻게 생각해?"라고 묻는 것. 결과보다 과정에 주목하며 "네가 한 결정이 궁금해"라고 말해주는 것. 그리고 아이가 흔들릴 때 "괜찮아, 그럴 수도 있지"라고 말할 수 있는 것.
이런 믿음 속에서 아이는 스스로 사고하고 선택하는 힘을 기르게 된다. 자기 결정에 책임을 지고, 실패해도 다시 일어서는 법을 배운다. 심리학자 폴 윤 교수는 말했다. "아이에게 필요한 건 지식이 아니라, 믿어주는 눈빛입니다." 그 말이 내 가슴에 오래 남았다. 내가 해줄 수 있는 최고의 교육이 지켜봐 주고, 기다려주는 것이라면, 나는 그 일을 두려워하지 말아야 했다.

내 믿음이 아이에게 주는 힘

믿음은 부모만이 줄 수 있는 최고의 선물이다.

학원도, 교과서도, 멘토도 대신할 수 없는 유일한 지지다. 아이의 결과에 따라 내 감정이 흔들리는 것이 아니라, 아이의 존재 자체에 대한 신뢰를 줄 수 있는 부모. 그것이 지금 우리 사회에서 가장 필요한 부모의 역할 아닐까.

믿는다는 건 물론 쉽지 않은 선택이다. 때로는 결과 앞에서 후회하게 될지도 모른다. 하지만 그럼에도 불구하고 아이 스스로 길을 걸을 수 있도록 기다려주는 용기를 내야 한다.

"나는 너를 믿는다."

"지금 이 길이 너만의 방식이라는 걸 안다."

"실패해도 괜찮아. 난 네 편이야."

이 한마디가 아이를 버티게 한다.

그리고 언젠가 아이가 부모의 그 믿음을 기억하며 이렇게 말할지도 모른다.

"엄마 아빠가 나를 믿어줘서, 나는 내 길을 선택할 수 있었어요."

부모의 학습: 배워야 키울 수 있다

그냥 열심히 돈을 벌어다 주면 되는 줄 알았습니다

배우는 아빠의 시작

"공부는 엄마가 시키는 거지, 난 돈만 열심히 벌면 되잖아." 아이들이 어릴 적 나는 그렇게 생각했다. 퇴근 후엔 아이들과 놀아주고 주말엔 외식도 하고 여행도 많이 하는, 좋은 아빠란 그 정도면 충분하다고 믿었다.

그러나 아이들이 중학생, 고등학생이 되고 입시와 진로 문제로 본격적인 고민이 시작되자 나는 점점 아이들과의 대화가 어려워졌다. 대화는 피상적이고 충고는 늘 반발로 돌아왔다. 그러던 어느 날 아내와 함께 간 입시설명회장에서 나는 조금 늦었지만 중요한 사실을 깨달았다.

"아이의 세계를 이해하려면, 나도 배워야겠구나."

하지만 그 자리는 낯설었다. 대치동 설명회장에 온 몇백 명 중 아버지의 숫자는 열 손가락 안에 들었고 목동에서는 남자는 나 혼자였다. 처음엔 민망했지만 몇 번을 들으니 익숙해졌고 배운 내용을 적용했더니 아이와의 대화가 달라지기 시작했다. 나는 비로소 부모도 공부가 필요하다는 것을 체감하게 되었다.

입시를 완벽히 이해하지 않아도 좋다. 그저 아이의 고민을 이해하려는 노력 자체가 아이와의 대화의 내용을 바꾼다.

왜 부모도 공부해야 하는가

30년 전, 회사에서 일본어가 필요하다는 말을 들었을 때 나는 망설이지 않고 아침 7시 학원 수업을 등록했다. 영어 회화, 실무 교육, 퇴근 후 자기 계발도 마다하지 않았다. 모두 더 나은 커리어와 삶을 위해서였다.

요즘은 테니스, 와인, 드럼, 골프처럼 취미를 배우기 위해 많은 돈을 쓰는 것도 드물지 않다. 잘하고 싶은 일 앞에서는 누구나 배우려 한다. 그런데 어느 날 문득, 이런 질문이 스쳐 지나갔다.

"내 아이를 더 잘 키우기 위해, 나는 무엇을 배운 적이 있는가?"

부모 교육 강의를 하면서 이 질문을 던지면, 대부분의 부모들이 고개를 숙인다. 손을 드는 이는 20~30%도 채 되지 않는다. 관심이 늘어난 것은 분명하지만, 여전히 많은 부모들이 교육을 학교나 전문가의 몫이라 생각한다. '내가 뭘 안다고…' '내가 잘할 수 있을까?'라는 생각 때문에 주춤거린다.

그러나 아이의 성장은 성적만으로 이루어지지 않는다. 정서적 안정, 가정 내 신뢰, 진로에 대한 열린 대화, 삶에 대해 함께 고민하는 과정 등 이 모든 것이 아이의 내면을 지탱하는 힘이 된다. 그리고 이러한 역할의 중심에 바로 부모가 있어야 한다.

소통을 위한 배움

아이들의 입시에 대해서는 엄마의 몫으로 여긴 채 관심을 두지 않았다. 하지만 어느 날 아내와 함께 입시설명회장에 간 순간 생각이 달라졌다.

"나도 배워야겠다. 그래야 아이를 이해할 수 있고 정말 필요한 순간에 힘이 되어줄 수 있겠다"라는 마음이 들었다.

입시 제도를 모두 꿰고 있을 필요는 없다. 오히려 중요한 것은 그 제도를 함께 궁금해하고, 이해하려고 애쓰는 자세다. 아이가 말할 때 눈을 맞추고 "그건 어떤 뜻이야?" "요즘 너한테 제일 어려운 게 뭐야?"라고 묻는 것, 거기서부터 변화가 시작된다.

배움은 그렇게 시작된다. 어느 날 아이가 무심히 내뱉는 말, 어느 날 아내로부터 흘려듣는 정보. 그 작은 신호에 반응하고 이해하려는 노력을 시작하는 것이다. 아이는 부모가 무엇을 얼마나 아는지를 보는 것이 아니라, 얼마나 자신에게 귀 기울이고 있는가를 느낀다.

EBS에서 방영된 한 프로그램에서 자녀와의 대화를 돕기 위해 심리학자가 중재에 나서는 장면이 인상 깊었다. 전문가 앞에서는 깊은 대화가 가능해 보이던 아이가, 부모와의 대화에서는 벽을 쌓는 모습. 그 장면이 낯설지 않게 느껴진다면 질문해 보자. 우리 아이는 나와 진짜 대화를 하고 있는가?

그 대화의 열쇠는 결국 부모에게 달려 있다.

입시, 진로, 소통… 부모가 배워야 할 것들

대학 입시 전형만 2,000가지가 넘는 시대다. 정보는 무기다. 입시의 기본 틀, 진로와 학과 탐색법, 추천 도서, 유망 직업군 등은 이제 부모도 알아야 하는 시대가 되었다. 진로 분야에서도 부모의 역할은 점점 더 중요해지고 있다. 한국고용정보원에 따르면 현재 존재하는 직업은 약 15,000개지만, 대부분의 청소년은 그중 일부분만을 인식하고 있다. 그 폭을 넓혀주는 존재가 바로 부모다.
부모의 작은 공부와 대화가, 아이의 진로를 바꿀 수 있는 것이다.

한 부모님이 이렇게 말했다.
"내가 돈을 열심히 벌어다 주는데, 이런 것까지 해야 해요?"
맞는 말이다. 과거에는 아버지의 역할, 어머니의 역할이 비교적 명확하게 나뉘었고, 부모가 감당해야 할 교육의 범위도 훨씬 작았다. 하지만 지금은 다르다. 세상은 더 복잡해졌고, 아이가 부딪히는 문제도 더 다양해졌다. 이제는 부모도 배워야 한다. 단지 생계를 책임지는 것만으로는 부족하다.
청소년기 자녀와 대화가 어렵다면, 그건 부모로서 '배움이 필요하다'는 신호다. 입시가 막막하게 느껴진다면, 진로에 대해 아이와 나눌 이야기가 없다면, 지금이 바로 시작할 때다.
늦은 배움은 없다. "누구나 두 번째 인생을 살 수 있다. 다만 첫 번째를 반성한 사람만이"라는 말처럼 부모도 성장할 수 있다. 책 한 권, 강의 하나, 영상 하나. 그 작은 시작이 아이와의 대화를 바꾸고 관계를 회복하며 부모와 아이 모두를 성장시키는 가장 멋진 여정이 될 것이다.

부모가 배우기 시작할 때 아이도 부모를 다시 보기 시작한다.

마음 한 칸, 생각 메모

마음이 들려주는 이야기를 남겨 보세요.

가정에서 시작되는 미래 교육

꿈은 가정에서 자랍니다

꿈이 자주 바뀌는 아이, 괜찮을까요?

"아빠, 나 꿈이 또 바뀌었어요."
"이번엔 군인이 되고 싶어요."
"아니에요, 국어 선생님이 될래요."
"아니, 스포츠 기자가 멋있을 것 같아요."

매번 꿈이 바뀌는 아들이 귀여웠고 나는 아들의 선택을 매번 존중해 주려고 노력했다. 군인이 되고 싶다고 했을 때는 육군사관학교를 졸업하고 김포에서 중대장을 하고 있는 선배의 아들을 만나게 해줬고, 선생님이 되고 싶다고 했을 때는 선생님이라는 직업의 장단점에 대해 이야기해 줬다. 스포츠 기자가 되고 싶다고 했을 때는 H 신문사 스포츠 기자인 친구 이야기를 들려줬다. 아이 눈높이에 맞춰 대화를 이어가는 것은 생각보다 쉽지 않았지만 꿈을 키워가는 과정에서 부모로서 뭔가 해주고 싶은 마음에 최선을 다했다.

그런데 아들이 성장해서 대학생이 된 지금, 아들의 꿈이 또 바꿔는 것에 대해서는 약간은 불안한 마음도 있다. 하지만 곧 나는 깨달았다. 이건 불안해할 일이 아니라 오히려 기뻐할 일이라는 것을. 지금은 100세 시대다. 통계청 자료에 따르면 한 사람이 평생 3~4개의 직업을 경험하는 시대다. 한 번의 선택으로 평생을 살아가던 시절은 지나갔다. 오히려 다양한 꿈을 꾸는 능력, 실패하고 다시 시작하는 유연함이야말로 미래 사회의 핵심 역량이다.

부모인 우리가 던져야 할 질문도 바뀌어야 한다.
"왜 꿈이 자꾸 바뀌지?"가 아니라, "나는 어떤 것을 좋아하지?" "어떤 일을 할 때 즐겁지?"와 같은 질문을 아이가 자연스럽게 스스로에게 던질 수 있게 하는 것이 중요하다. 이런 질문은 거창한 진로 캠프나 강연장에서 시작되지 않는다. 평소 가족이 둘러앉은 식탁에서, 주말 산책 중에, 함께 본 영화의 감상을 나누는 대화 속에서 씨앗처럼 뿌려진다.
꿈은 그렇게 조용히 자라난다.

함께 체험하고, 삶으로 가르치는 부모

둘째 아들은 어릴 적부터 로봇을 좋아했다. 건담을 조립하고 각종 프라모델을 진열하며 스스로 설계도를 그리고 개조를 시도하곤 했다. 그 모습이 단순한 취미로 보이지 않았다. 그래서 나는 단순히 "좋아 보인다" 하고 넘어가지 않았다. 주말이면

로봇 대회장에 함께 가기도 했다. 자기 자신을 이해하고 자신이 어디에 가치를 두는지를 체험을 통해 알게 되는 것. 그것이 진짜 교육이다.

그리고 이 모든 과정에 부모가 함께한다면 그 경험은 단지 외부의 자극이 아니라 가족의 기억이자 믿음으로 자리 잡는다. 아이는 느낀다. "나의 관심을 부모가 함께 소중히 여겨주고 있구나." 그 믿음이 아이의 도전 정신과 자존감을 키운다.

아들이 지난겨울 MIT 연구실 인턴십에 다녀왔다. 단순히 교환학생으로 다녀온 것이 아니라 관심 있는 분야의 교수님께 직접 이메일을 보내어 스스로 기회를 만들어낸 도전이었다. 그 과정을 옆에서 지켜보며 대견함과 감탄이 교차했다.

그 여정 속에서 아들이 이런 말을 꺼냈다.

"아빠는 영어도 잘 못하시는데, 가족 데리고 미국 서부여행 다녀오셨잖아요. 그게 진짜 멋졌어요. 저의 이번 도전도 아빠의 영향이 컸어요."

2007년, 영어 한마디 제대로 못하던 나는 여행 가이드 책 하나 들고 비행기에 올랐다. 패키지여행이 아니라 45일 동안 직접 숙소를 예약하고, 공연도 예약하며, 가족과 함께 미국 서부를 돌아다녔다. 그 도전이 시간과 세대를 넘어 아이에게 하나의 본보기로 남았다는 것, 그것은 말로 설명할 수 없는 벅찬 감정이었다.

부모는 말로 가르치는 것이 아니라 사는 모습으로 가르친다. 우리가 매일 하는 선택, 우리의 일상, 우리가 실패를 받아들이는 태도, 그것이 아이에게는 살아 있는 교육이 된다.

아이의 진짜 꿈은 문제집 앞에서가 아니라 삶 속에서 싹튼다. 부모와의 대화, 짧은 여행에서의 인상 깊은 순간, 박물관에서 본 한 장면, 시장에서 우연히 마주친 장인의 이야기 속에서. 가정은 아이의 첫 번째 학교다. 이곳에서 아이는 자기 삶의 방향, 자기다운 선택, 미래를 향한 자신감을 처음 키워나간다. 그래서 부모는 단순한 보호자가 아니라 삶으로 가르치는 가장 중요한 교사다. 말보다 더 강력한 것은 부모의 태도와 뒷모습이다. 실패를 두려워하지 않는 자세, 배우려는 태도, 새로운 걸 시도하는 용기. 그 모든 것이 아이에게는 교육이다.

함께 걷는 부모, 아이의 가장 큰 지지자

아이의 꿈을 진지하게 들어주고 내 삶으로 그 가능성을 보여주는 것. 그것이 바로 부모가 할 수 있는 최고의 교육이다.

"나는 네 꿈을 믿어."

"나는 너의 꿈을 최선을 다해 지원해 줄게."

이 말이 아이에게 주는 힘은 세상의 어떤 진로 교육보다 강하다. 우리는 아이의 미래를 대신 만들어줄 수는 없지만 그 길을 함께 걸을 수는 있다. 가정에서 시작되는 그 신뢰와 대화가 아이의 삶을 이끄는 든든한 나침반이 된다.

미래 교육은 가정에서 시작된다. 그 출발은 거창한 계획이 아니라 오늘 아이와 나누는 단 한 번의 대화, 단 한 번의 경험에서 비롯된다.

제 2 장

학교에서 나는 학부모

말은 순간이지만, 소통은 관계다

학부모와 선생님의 소통이 어려운 이유

중학교 3학년인 지우는 평소 숙제를 잘해오고, 수업 중에 발표도 적극적으로 한다. 시험을 보면 상위권 점수를 받는다. 한눈에 봐도 착실하고 똑똑한 아이처럼 보인다. 그런데 지우의 담임선생님은 지우의 학습 태도에 우려를 느꼈다. 시험 점수에 비해 기본 개념이 부족하고, 발표할 때 겉으로는 자신감 있어 보이지만 질문에 대한 핵심을 놓칠 때가 많았다. 학습 과정을 꼼꼼히 살펴보니 지우는 부모가 제공한 정보나 정답을 암기하는 데 익숙해 있었고, 문제를 스스로 해결하는 능력은 기대만큼 성장하지 않고 있었다.

이러한 고민 끝에 교사는 부모 상담을 요청했다. 학습의 겉모습 뒤에 감춰진 어려움을 솔직히 전하고, 아이가 스스로 생각하고 학습하는 힘을 기를 수 있도록 가정과 함께 방향을 모색하고 싶었다. 하지만 상담은 예상과 달랐다. 부모는 지우가 학원을 많이 다니고 성적도 좋은데 무슨 문제가 있느냐며 불쾌한 반응을 보였다.

“지우는 집에서 누구보다 성실하고 자기주도적인 아인데요. 선생님이 너무 부정적으로 보시는 것 같네요.”

상담은 어색하게 끝났고, 그 뒤로 부모는 학교 행사에도 얼굴을 잘 비추지 않았다.

어떻게 문자라도…

아이를 키우는 부모라면, 학교와의 소통은 늘 크고 작은 고민이 된다. 솔직히 말해 대부분의 학부모는 선생님과의 대화가 부담스럽다. 실수할까 봐 노심초사하고 통화 시간이 적절한지 신경이 쓰이며, 문자를 보낼 때도 이모티콘 하나, 하트 하나를 붙여야 마음이 조금 놓인다. 문자를 보낸 뒤에도 고민은 끝나지 않는다. 읽지 않았다는 '1' 숫자가 남아 있으면 괜히 마음이 불안하고, 그 '1'이 사라졌는데도 답장이 없으면 혹시 내가 뭔가 실수한 건 아닐까 싶어 보낸 문자를 수십 번 다시 읽어본다. 이렇게 학부모는 아이 하나 학교에 보내놓고도 내 아이를 보고 있을 선생님께 늘 조심스레 마음을 건넨다.

선생님도 마찬가지다. 학부모와의 대화에는 교육적, 인권적, 행정적, 윤리적 고려가 얽혀 있다. 조금의 흠결도 없어야 한다는 긴장 속에서 말을 꺼내다 보니 소통이 쉽지 않은 건 당연하다. 이렇듯 아무 일 없는 평범한 상황에서도 학교와 가정의 소통은 여간 조심스러운 게 아니다. 하물며 문제가 생겼을 때는 어떨까? 학생의 문제는 금세 학교와 학부모 간의 갈등으로 옮겨가고 그 순간 문제 해결은커녕 관계의 블랙홀에 빠져버리기 쉽다.
우리는 모두 아이를 중심에 두고 더 나은 환경을 만들어주고 싶어 한다. 그런데도 왜 교사와 학부모 사이에서는 정직하고 따뜻한 대화가 그렇게 어려운 걸까?

체계가 다르면 해석도 다르다

사회학자 니클라스 루만의 체계이론에 따르면 사회는 서로 다른 기능 체계들로 구성된다. 그 체계들이 제 기능을 하기 위해 사용하는 소통 코드도 다르다. 가족은 사랑/무관심의 코드로 소통하고, 학교는 성공/실패라는 코드로 작동한다.
서로 다른 체계는 같은 현상을 전혀 다른 방식으로 해석한다. 지우의 부모는 아이가 열심히 공부하고 성적이 잘 나오는 것을 사랑과 헌신의 결과로 본다. 반면, 교사는 그 속에서 학습의 진짜 성장을 고민한다. 이처럼 서로 다른 기준으로 판단하고 있으니 대화가 엇갈릴 수밖에 없다. 게다가 체계는 자기준거적이다. 다시 말해 자기 안에서 의미를 만들어낸다. 부모는 자녀가 "선생님이 나만 미워해"라고 말하면, 그것을 사실처럼 받아들인다. 그리고 그 이야기를 들은 순간부터 교사의 모든 말은 내 아이를 무시하는 것처럼 들리기 시작한다.
반면, 교사는 아이가 수업에 집중을 못하거나 기본 개념에서 자꾸 오류를 범할 때 걱정을 전하려 해도, 그 말이 부모에게는 정서적으로 받아들여져 비난으로 해석되곤 한다. 이처럼 같은 말을 사용하더라도 서로 다르게 이해할 수 있는 이유는 각 체계의 기능 코드가 다르기 때문이다.

그래서 학교와 가정이 같은 팀이라는 것을 확인하는 언어가 필요하다.

예를 들어, "지우가 요즘 수학 개념이 약해요"라는 말은 사실관계에 대한 진술이지만, 부모에게는 '학원도 보내고 노력도 하는데 왜 우리 아이를 부정적으로 보지?'라는 감정적 반응을 유도할 수 있다.

이럴 땐 감정을 먼저 공감하는 방식으로 접근하면 대화의 결이 달라진다.

"지우가 수업 시간에 굉장히 열심히 참여하려는 모습이 인상 깊었어요. 다만 요즘 개념 이해에서 조금 어려워하는 것 같은데 혹시 집에서도 비슷하게 느끼셨는지 궁금했어요. 지우에게 도움이 될 방법을 함께 찾아보고 싶습니다."

이렇게 말하면 문제를 지적하기보다는 아이의 성장과 협력을 위한 대화라는 인상을 줄 수 있다. 교사의 마음이 진심이더라도 언어로 어떻게 표현되는지는 별개의 문제다. 소통은 일방이 아닌 쌍방의 노력으로 이루어진다.

교사의 말투와 접근 방식이 아무리 부드러워도 부모가 방어적이거나 감정적으로 대응한다면 대화는 금세 단절되고 만다. 학교 선생님으로부터 아이의 부족한 부분에 대해 전달받았을 때 부모가 느끼는 감정은 다양하다. 부족한 부분을 이야기해 주시는 것을 특별한 관심으로 여기고 감사해하면 별문제가 안 된다. 그러나 학부모가 인정하기 싫은 부분이거나 오히려 불편해하거나 창피해하는 경우도 적지 않다.

'내가 뭘 놓친 걸까?'

'다른 아이들은 다 잘하는데 우리 아이만 그런 건가?'

'혹시 선생님이 나를 무책임하다고 생각하실까 봐…'

이런 감정은 당연하고 자연스럽다. 중요한 건, 그 감정을 곧바로 표현하기보다는 한 번 더 걸러서 말하는 연습이다. 감정을 표현하지 말라는 뜻이 아니라, 의미 있는 소통으로 번역해서 표현하자는 것이다.

예를 들어, "지우는 집에서 정말 열심히 하려고 해서 저희는 늘 잘하고 있다고 생각했는데, 학교에서는 조금 다르게 보셨군요. 말씀해 주셔서 감사해요."

"선생님께서 지우의 수업 태도를 이렇게 세심하게 봐주시니 고맙습니다. 혹시 저희가 가정에서 도울 수 있는 방법이 있을까요?"

이러한 말들은 갈등을 유발하기보다는, 대화의 창을 여는 표현이 된다.

말은 순간이지만 소통은 관계다

학부모와 교사의 대화는 때로는 상처를 주고받기도 하고 서로의 세계를 오해하게 만들기도 한다. 하지만 결국 이 모든 대화의 목적은 아이를 더 깊이 이해하고 함께 지지하기 위해서다. 대화가 불편하고 조심스러운 이유는 서로가 무관심해서가 아니다. 오히려 너무 중요해서, 서로를 존중하려고 애쓰다 보니 오히려 멀어질 때가 많다. 그래서 정답을 말하려는 대화보다 함께 고민하고 길을 찾는 대화가 필요하다.

우리는 이미 서로에게 좋은 동료가 될 수 있는 가능성을 가지고 있다. 다만 그 마음을 전달하는 방법을 배우지 못했을 뿐이다.

"선생님, 말씀 나눠주셔서 감사합니다."

"지금 말씀해 주신 부분, 저희도 다시 한번 아이와 이야기해 보겠습니다."

"가정에서 이런 모습을 봤는데, 혹시 학교에서는 어땠을지 궁금해서요."

"선생님 말씀 듣고 나니 아이가 요즘 어떤 마음이었을지 조금은 짐작이 돼요."

이런 말 한마디가 서로를 이해하는 다리가 되고 대화의 시작이 된다.

작은 다리라도 좋다. 그 다리를 함께 건너려는 마음만 있다면 우리는 충분히 만날 수 있다.

우리 아이만 손해 보면 안 되지

어느 날, 여우가 두루미를 집에 초대했다.
여우는 평평한 접시에 수프를 담아냈다. 두루미는 부리로 수프를 제대로 먹지 못했고 결국 굶주린 채 돌아갔다. 며칠 뒤, 두루미도 여우를 집으로 초대했다. 이번엔 목이 긴 병에 국을 담았다. 여우는 병 속의 국을 전혀 건드릴 수 없었다.
서로 상대가 먹지 못하게 만든 식사. 서로 자기만 배부르길 바랐던 만찬.
결국 두루미도 여우도 누구 하나 만족하지 못한 채 돌아서야 했다.

지금 우리의 교육 경쟁도 어쩌면 이 우화와 닮아 있다. 내 아이만 손해 보면 안 된다는 마음은 어쩌면 당연하다. 그러나 그 마음이 커져 서로가 서로를 경계하고 앞서려 할 때, 결국 모두가 상처를 입는다. 아이도, 부모도, 학교도.

우화 속 식탁 경쟁으로 비추는 경쟁의 본성

우리 마음속에는 늘 경계선이 있다.

"저 집 아이는 학원을 세 군데 다닌다더라." "벌써 선행이 끝났다더라." 하는 이야기를 들을 때마다, 우리 아이만 뒤처지면 어쩌나 하는 불안이 꿈틀댄다.

그 불안은 어느새 손해 봐선 안 된다는 생각으로 바뀌고, 앞서가야 한다는 강박으로 자리를 잡는다.

하지만 그 끝에는 정말 내 아이의 행복이 있을까.

멈춰버린 세상 속에서 도전하는 배움의 실험

2020년 봄, 세상이 멈추었다.

코로나19의 급격한 확산으로 학교는 문을 닫았고 학원과 도서관을 포함한 대부분의 공공시설도 운영을 중단했다. 전례 없는 사회적 · 심리적 · 물리적 혼란 속에서 우리는 모두 낯선 불안과 마주해야 했다. 그리고 그 혼란의 한가운데에 아이들이 있었다. 학교 수업이 멈추고 일상이 일시에 붕괴되자 나 역시 두려움을 느꼈다.

전국의 아이들이 동시에 교육을 받지 못하는 상황이라면 과연 우리 아이는 어떤 시간을 보내게 될까. 이 시간을 그냥 흘려보내도 되는 것일까. 불안이 걱정으로, 걱정은 조바심으로 이어졌다. 한편에선 "코로나 덕분에 학원을 안 가니 좋네. 다 같이 안 하니까 불안하지도 않아."라며 농담 반 진담 반 하는 학부모들도 있었다. 그 말의 이면에는 다른 집 아이들도 못 가니까 우리 아이만 뒤처지진 않겠지라는 안도감이 숨어 있었던 듯하다. 경쟁이 멈추자 비로소 숨을 돌리는 모습에서 우리는 얼마나 오래 타인의 속도에 맞춰 달려왔는지를 깨닫게 되었다. 하지만 그럼에도 불구하고 나는 생각했다.

'지금 이 시간을 그냥 보내선 안 된다. 아이가 좋아하는 것, 아이가 진심으로 궁금해하는 것에서부터 배움의 실마리를 찾아야 한다.'

당시 내 아이들은 과학에 유독 관심이 많았다. 나 또한 우리 아이들이 크면 과학발전의 홍수를 맞게 될 거라는 혼자만의 확신에 휩싸여 과학 서적을 끝도 없이 모아대었다.

구독하던 과학잡지는 너덜너덜해질 정도였고 집에서 하고 싶어하는 실험은 또 얼마나 많은지… 말이 홈스쿨이지, 집에서 아이들 공부를 챙긴다는 건 그야말로 전투였다. 일과 육아 사이에서 매일이 버거웠고 나의 에너지는 바닥을 쳤다.

은밀하게 함께하는 즐거움을 알게 되다

그러던 어느 날, 혼자보다 함께하는 것이 더 재밌지 않을까? 하는 생각이 들었다.

같은 아파트에 사는 딸네 두 엄마에게 조심스럽게 말을 꺼냈다.
"우리… 같이 공부시켜 보지 않을래? 학교도 학원도 닫혔으니, 우리끼리 해보자."

셋이서 과목을 나누어 맡았다. 나는 지구과학을 담당하였다. 다른 엄마들은 화학과 물리, 생물 요렇게. 초등학교 4학년과 6학년 두 아들들이 모두 그룹이 생겼고, 일주일에 한 번씩 세 가정을 돌아다니며 공부를 함께했다. 단원별 연계 도서를 검색하고 그 책들을 찾아 읽고, 발표하고, 기본이론은 자습서와 문제집으로 공부하고 이야기를 나누며 조금씩 일상의 리듬을 회복해 갔다.

과학적으로 깊이 있는 학습은 무리였다. 대신 책을 통해 배움의 지평을 넓히고 아이들의 호기심을 자극하는 데 집중했다. 엄마들이 설명하기 어려운 부분은 남편들 찬스를 써야 했고, 부족한 점은 서로의 방식으로 채워나갔다. 실험도 해줄 수 있는 만큼 했다. 산소 발생 실험하다가 풍선이 터져서 온 방 안이 감자 찌꺼기로 난장판이 된 적도 있었다. 지금은 그저 아름다운 추억이 되었지만 말이다. 아이들의 작은 성취는 바로바로 칭찬으로 되돌려주었고, 덕분에 아이들은 점점 스스로를 믿게 되었다. 학습뿐만 아니라 흥미를 자극할 수 있는 활동이라면 무엇이든 시도하고 싶었다.

책으로 배울 수 없는 경험

그 무렵 2020년 6월. 한낮의 하늘에서 부분 일식을 관측할 수 있는 절호의 기회가 찾아왔다. 평생 한두 번 있을까 말까 한 우주 쇼를 놓칠 수 없다는 생각에 나는 미리 아이들 수대로 일식 관측 안경을 인터넷으로 주문해 두었다. 그리고 야외 바비큐 파티까지 하면서 일식을 관측하는 상상만 해도 즐거울 모든 준비를 마쳤다. 그러나 그 안도감도 잠시, 관측일이 코앞으로 다가오자 택배사로부터 배송 지연 연락이 왔다. 물류가 마비된 시기였기에, 예정일에 도착하기 어렵다는 답변이었다. 실망할 아이들 생각하니 순간 머리가 하얘졌다. 망설일 틈도 없이 서울에서 출발하는 고속버스 편을 수소문했고, 과학교구사 사장님께 다시 물건을 보내달라고 요청하고 그 노력 끝에 어렵게 물건을 받아낼 수 있었다.

그렇게 아이들은 각자의 손에 작은 관측 안경을 들고 하늘을 다 가졌다.

"해가 정말 가려지고 있어요!"

아이들의 눈이 반짝였고 아파트 한 켠에 마련한 바비큐장에서 환호성이 울려 퍼졌다. 짧은 시간이었지만 그날의 체험은 책으로도 영상으로도 대신할 수 없는 배움과 성취의 순간이 되었다. 지금도 아이들은 그날을 잊지 않고 있다.

그해 겨울, 함께 공부한 4학년 3명, 6학년 2명의 우리 아이들은 모두 경남 지역의 총 4곳 대학 부설 영재교육원과 학교 영재학급에 모두 합격하였다. 작은 시도가 커다란 성과로 이어졌고 무엇보다 아이들 스스로가 '내가 해냈다'는 자신감을 갖게 되었다.
그때 나는 확신하게 되었다.
'내 아이만 잘되면 된다'는 생각을 내려놓을 때, 비로소 공동체는 살아난다는 것을.
함께 배우고, 함께 자란다는 것이 어른과 아이 모두에게 얼마나 깊은 울림을 남기는지,
우리는 온몸으로 경험하였다.

아이가 다치고 세상이 무너졌다

그러나 '함께 자란다'는 믿음은, 때때로 가장 힘든 방식으로 시험받기도 한다. 그해로부터 시간이 흐르고, 아이가 중학생이 되었을 때였다.
그날 아침만 해도 평온했다. 늘 그렇듯 아이의 등교를 도왔고 환하게 웃으며 인사를 건넸다. 하지만 단 몇 시간 만에 모든 것이 뒤바뀌었다.
오전 11시. 담임 선생님으로부터 다급한 전화가 걸려왔다. 나의 작은 아들이 학교 교실에서 다른 아이로부터 뺨을 맞았다는 말에 나는 반사적으로 비명을 질렀다. 아이가 괜찮은지 직접 내 눈으로 확인해야 한다는 생각 외에는 아무것도 떠오르지 않았다. 분노로 가슴은 찢어졌고 심장은 내 몸과는 따로 뛰는

듯했다. 알고 보니 가해 학생은 타 학교에서 강제 전학 온 지 하루 만에 또래 학생을 때려 학교폭력으로 이름이 이미 접수된 상태였다. 그리고 불과 한 달도 지나지 않아 내 아이를 향해 또다시 폭력적인 언행을 시작했고, 결국엔 교실로 뛰어들어 내 아이의 뺨을 일방적으로 때렸다.

학교가 발칵 뒤집혔다. 피해 학생의 어머니가 학부모회장이라는 이야기는 삽시간에 소문으로 번졌고, 우리 모자는 끝없는 시선과 걱정 속에서 두 달이라는 시간을 견뎌야 했다.

아이는 겁에 질렸고 학교에 가기를 두려워했다. 평소 밝았던 아이는 눈동자가 흔들렸고, 매일 학교를 다녀오면 그대로 침대로 직행했다. 말없이 잠을 쏟아내는 모습에서, 별것 아닌 것에 화를 버럭 내는 낯선 모습에서, 나는 비로소 아이가 얼마나 큰 충격을 받았는지 실감할 수 있었다. 중간고사는 눈앞이었고 나는 이성과 본능 사이에서 하루에도 수십 번씩 흔들렸다. 붙들고 울기도 하고 달래기도 하며, '엄마가 막아줄게'라는 다짐을 되뇌며 아이 곁을 지켰다.

그리고 마침내 학교폭력심의에 출석할 날이 다가왔다.

심의 위원 중 한 분이 아이에게 물었다.

"그 친구가 진심으로 사과한다면 받아줄 수 있을까?"

아이는 고개를 저었다.

"사과 필요 없어요."

"그래도 진심이 전해지면 마음이 좀 풀리지 않을까?"

아이는 잠시 침묵하더니 말했다.

"그냥… 안 보고 싶어요. 대신 그 친구가 병원에서 편안하게 상담받고 치료받으면 좋겠어요."

그리고는 참았던 감정을 쏟아냈다. 억울함, 공포, 당혹감, 외로움… 모든 감정이 눈물과 함께 터져 나왔다. 아이의 오열을 옆에서 지켜보는 일은 마치 내 가슴에 구멍이 뚫리는 것만큼 아픈 일이었다. 차라리 내가 대신 겪었으면 좋으련만 하는 생각이 간절했다. 우리 모자는 그 심의에 앞서 오랜 대화를 나누었다. 그리고 아이도 나도 같은 결론을 내렸다.

진짜 평화란 처벌보다 회복에 있다.

그 친구가 다시는 누군가에게 상처를 주지 않도록 치료받을 수 있도록 돕는 것, 그것이 우리가 기여할 수 있는 평화라고 믿었다. 어떤 이는 말할지도 모른다.

"아이가 맞았는데도 가해 학생의 치료를 말하다니 굳이 왜?"라고.

당사자가 아니면 아무도 그 마음을 모를 일이다. 현실은 철저하게 혼자였다.

그 일이 일어난 순간부터 이미 나는 그것을 통제할 수 없는 외부의 현실로 받아들였다. 그렇다면, 내가 할 수 있는 최선은 내 아이가 하루라도 빨리 일상으로 돌아오는 길을 찾는 것이었다. 그리고 그 길은 가해 학생이 다시는 그런 행동을 반복하지 않도록 돕는 것이기도 하다.

나만 안전하게 할 수가 없다.

내 아이만 잘 지켜낸다고 해서 세상이 안전해지는 것이 아니기 때문이다.

나의 안전은 사회 전체의 안전 위에서만 가능하다. 그러니 어떻게 나만 손해 보지 않고 살 수 있단 말인가. 돌이켜 보면 우리는 종종 말한다.

"우리 아이만 손해 볼까 봐 그건 막아야지."

남보다 뒤처지지 않도록, 경쟁에서 밀리지 않도록, 상처받지 않도록. 그 마음은 너무나 자연스럽고 절실하다. 하지만 아이를 지키기 위해 세상을 밀어내는 순간, 결국 세상이 아이를 지켜줄 수 없게 된다. 내 아이만 잘되기를 바라다보면 어느새 우리 모두는 서로를 밀어내고 고립된 작은 울타리 안에서 불안과 두려움에 더 깊이 갇히게 된다. 나만 손해 보지 않겠다는 심리는 아이러니하게도 결국 나만 손해 보는 결과를 가져올 수 있다. 공동체가 무너지면 누구도 안전하지 않기 때문이다. 내 아이의 하루를 지키는 가장 강한 방법은 옆에 있는 아이의 내일도 함께 지키는 것이다.

그래서 나는 믿는다.

진짜 보호란 울타리를 치는 것이 아니라 울타리를 넓히는 일이라고.

함께 지키고 함께 배우고 함께 자라야만 비로소 우리 모두가 덜 손해 보고 더 나아지는 길에 설 수 있다고.

나대는 게 아닙니다, 나서는 겁니다

학교를 바꾸는 학부모의 힘

"오늘 학교 총회 있대요?"
아침에 아이들 등교시키고 커피 한 잔 하자며 앞 동에 사는 성주 엄마가 묻는다.
"학부모총회는 꼭 참석해야지. 우리 아이들 학교 이야기인데."
"아휴, 가봤자 매번 똑같은 얘기잖아요. 또 뭐 시킬까봐 부담돼요."
"누가 시켜서 하기보다, 관심 있으면 그냥 해보면 되지 않아?"
"괜히 나섰다가 욕만 먹어요. 안 해도 뭐라 하고, 해도 뭐라 하잖아요."
"그건 왜 욕먹는다고 미리 생각해? 욕 안 먹게 하면 되지."
"다들 자긴 안 하면서, 누가 나서면 뒤에서 수군대잖아요. 그런 말 듣는 거 질색이에요."
"성주 엄마, 손흥민 싫어해?"
"엥? 갑자기 손흥민이요?"
"사람들이 손흥민 얘기 많이 하잖아. 그럼 손흥민도 싫어?"
"그야 스타니까 그렇지. 나랑은 다르죠~"
"사람 얘기는 다 똑같아. 중요한 건 뭘 하느냐지, 사람들이 뭐라고 하느냐가 아니야."

이 대화는 낯설지 않다. 매년 3월, 학부모들 사이에서 들려오는 '총회 회피 대화'는 우리 교육 현실의 한 단면이다. 바쁜 일상과 눈치, 혹은 누군가의 말에 휘둘려 가장 기본적인 참석조차 망설이는 이들이 많다. 하지만 학부모총회를 단지 귀찮은 일로 치부하는 시선에는 우리 교육의 후진성이 고스란히 묻어난다.

학부모 참여의 본질

학부모총회는 단순히 일거리를 나누는 자리가 아니다. 이 자리는 학부모가 학교 운영의 한 축으로서 공식적으로 목소리를 낼 수 있는 통로이자, 아이들의 교육 환경을 함께 만들어 갈 수 있는 기회다. 민주적인 교육 공동체는 교사만의 힘으로는 완성되지 않는다. 학부모, 학생, 교사가 함께하는 구조가 기본이다. 그 시작은 거창한 변화가 아닌, 참석과 관심이라는 아주 작은 행동에서 비롯된다.

그럼에도 불구하고 참여하는 학부모에게 '나댄다' '치맛바람이 심하다'는 식의 부정적 시선이 따르는 경우가 적지 않다. 정작 아무것도 하지 않으면서 누군가의 행동을 뒤에서 말하는 이중적 태도는 공동체를 병들게 만든다.

"나는 못하지만 너는 잘해야 해"라는 말은 겸손이 아니라 책임 회피다. 변화를 원한다면 그 출발점은 바로 나 자신이어야 한다.

실제 변화의 사례 - ○○중학교 이야기

어느 지방 신도시의 한 중학교, ○○중학교는 개교 초기부터 엄격한 생활지도를 원칙으로 내세웠다. 교복 착용 엄수, 체육복 등교 금지, 여학생 치마 미제공, 화장 금지 등 다소 엄격한 규칙에 일부 학부모들의 민원이 끊이지 않았다.

교복이 불편하다는 환절기의 민원, 날씨에 따라 옷을 허용해 달라는 요구, 또는 교사와의 개인적 갈등으로 빚어진 장문의 문자와 전화까지. 교육 본질보다는 내 아이의 불편함을 해소하고자 하는 민원은 반복됐고 교사들의 사기는 점점 떨어졌다.

그러던 어느 날, 새로 당선된 학부모회장이 방향을 바꾸었다. 불만을 제기하는 학부모에서 함께 문제를 해결하는 주체로 나아가자는 선언과 함께 실명 기반의 오픈 채팅방이 열렸다. 학사 일정과 학교 소식을 정확히 전달하고 학부모들 간의 건설적인 의견 교류가 가능해졌다. 악성 루머 대신 긍정적인 피드백이 공유되었고, 선생님에 대한 존중과 신뢰가 다시 자리 잡기 시작했다.

이듬해 신입 학부모들을 위한 '슬기로운 중학교 학부모생활' 오리엔테이션이 열렸다. 선배 학부모들의 생생한 경험담을 들은 신입 학부모들은 오히려 학교에 대한 애교심을 키워갔다. 그렇게 ○○중학교는 어느 날, 민원 접수 건수가 '0'이라는 경이로운 기록을 달성했다. 그건 단지 규정이 강화된 결과가 아니라 신뢰와 협력이라는 가치가 현실에서 작동한 증거였다.

학교를 바꾸는 힘, 어디서 시작되는가

학교 발전과 학생들의 교육 환경 개선을 위해 학부모회의 역할은 필수적이다. 그러나 그 실현을 위해서는 교장, 교감 등 학교 관리자들의 협조와 철학도 매우 중요하다. 안타깝게도 짧은 임기와 잦은 전보로 인해 학교 문화는 관리자의 성향에 따라 급변하기도 한다. 어떤 때는 더 나은 방향으로 또 어떤 때는 기존의 긍정적인 흐름이 끊기기도 한다.

학교는 시스템이 아닌 사람이 만드는 공간이다. 그렇기에 관리자 역시 학교의 고유한 교육철학과 공동체 가치를 존중하며 학부모와 협력할 수 있는 자세를 갖춰야 한다.

행동하는 부모가 바꾸는 학교

학교가 바뀌길 바란다면 먼저 학부모가 바뀌어야 한다. 참여는 '사서 고생'이 아니라, '내 아이와 공동체를 위한 기여'이다. 세상은 가만히 있는 사람보다, 움직이는 사람을 통해 변화한다. 교육도 마찬가지다. 말로만 염려하는 어른보다 묵묵히 행동하는 부모가 더 필요한 시대다.

우리가 먼저 손을 내밀고 한 걸음 더 가까이 다가갈 때 학교는 진짜 변하기 시작한다.

그 변화의 시작, 바로 참여하는 당신에서부터다

지금 이 글을 읽고 있는 당신에게 묻고 싶다.
'나는 우리 아이 학교를 얼마나 알고 있는가?'
'나는 언제 마지막으로 학교를 직접 찾아가 본 적이 있는가?'
교육은 교사만의 몫도, 시스템만의 책임도 아니다.
함께 듣고, 함께 말하고, 함께 바꾸려는 마음에서 시작된다.
그리고 그 첫 번째 행동은 의외로 단순할지도 모른다.
이번 학부모총회에 그냥 한 번 가보는 것. 거기서부터 모든 변화는 시작된다.

마음 한 칸, 생각 메모

마음이 들려주는 이야기를 남겨 보세요.

교문 안의 학교, 교문 밖의 부모

대립을 넘어 진짜 협력으로 가는 길

현실의 충돌은 늘 갑자기 찾아온다

평일인데도 ○○중학교는 텅 비어 있었다. 2학년은 2박 3일 수학여행을 떠났고, 1학년과 3학년은 남해 청소년수련원에서 수련회 중이었다. 학부모들은 모처럼의 해방감을 누리며 자유시간을 만끽하고 있었다.

그렇게 홀가분한 밤을 보내던 첫날, 도윤이 엄마는 담임 선생님에게서 전화를 받았다. 도윤이가 수련원 복도를 지나가다 머리를 부딪히는 사고를 당했고, 인근 병원에서 응급처치를 받았다는 내용이었다. 뒷머리를 6바늘이나 꿰맸다는 말에 엄마는 깜짝 놀랐다. 당장이라도 남해로 달려가고 싶었지만, 도윤이는 "괜찮으니까 오지 말라"고 했고, 엄마는 애써 마음을 다잡은 채 집에서 아이를 기다릴 수밖에 없었다.

이틀 뒤, 도윤이는 수련회를 마치고 무사히 집에 돌아왔다. 엄마는 상처가 뒷통수에 있는 것을 보고 의아했다. 도윤이는 분명 복도 천장이 낮아서 부딪혔다고 말했기 때문이다.

"도윤아, 다시 말해봐. 어떻게 다친 거야?"
"복도 끝에 계단 오르막이 있었고, 그 위쪽 천장이 낮아지는 비스듬한 구조였어. 거길 지나가다가 고개를 들었는데 천장에 머리를 부딪히고 뒤로 넘어졌어. 잠깐 기절했었어."
순간 엄마는 걱정과 분노가 동시에 치밀었다. 단순 사고라기보다 수련회 시설 자체에 문제가 있다고 느껴졌다. 학교가 수련회 장소를 결정하면서 이런 위험 요소를 제대로 파악하지 않았다는 생각이 들었다. 교장 선생님께 직접 확인해야겠다는 생각에 학교로 향했다.

같은 사건, 다른 해석

"아이구, 도윤이 어머니. 무슨 일이십니까?"
"교장 선생님, 제 아이 다친 거 보고받으셨지요?"
"네, 물론입니다."
"생각보다 많이 다쳤더라구요. 퇴근 시간인 줄 알지만, 직접 여쭤보는 게 좋을 것 같아 찾아왔습니다."
"잘 오셨습니다. 말씀 나누시죠."
"요즘 중학생들 키를 아실 텐데, 그렇게 천장이 낮은 복도에서 아이가 고개만 들어도 부딪힐 수 있다면, 그런 곳을 수련회 장소로 정한 이유가 무엇입니까?"
"천장이 낮았다고요? 도윤이가 그렇게 말했습니까?"

"네. 지나가다 머리가 부딪힐 정도로 낮았다고 했어요."
"어머니, 수련장 도면을 보여드릴게요. 여기 보시면 해당 복도는 높이가 2미터입니다. 물론 개인 차에 따라 낮다고 느낄 수는 있지만, 고개만 들었다고 부딪힐 높이는 아닙니다."
"그렇다면 우리 아이가 왜 다친 건가요?"
"선생님들이 여러 차례 뛰지 말라고 주의를 줬습니다. 그런데 도윤이가 순간적으로 점프를 하다 미끄러지면서 뒤로 넘어졌다고 합니다."
그제야 엄마는 왜 상처가 뒷머리에 났는지 이해할 수 있었다. 도윤이는 자신이 뛰었다는 사실을 말하지 않았던 것이다. 아이의 말만 믿고 학교에 급히 찾아온 자신이 조금 민망해졌다. 그 순간, 엄마의 머릿속엔 수많은 질문이 맴돌았다. 정말 아이 말대로 시설이 문제였을까? 그리고 마침내 스스로에게 물었다.
이 사고는 누구의 책임인가?
학교인가? 학생인가? 아니면 부모가 과민하게 반응한 것인가?

감정 뒤에 있는 구조를 보다

하지만 이 질문은 본질을 놓치고 있는 것일지도 모른다. 사고 직후 담임 선생님은 아이를 직접 응급실에 데려가 밤새 곁을 지켰다. 열이 나는지, 통증은 없는지 살펴가며 아이를 돌본 것이다. 부모로서도 그 정성에 감사한 마음이 있었다. 그럼에도 불구하고 엄마는 교장실을 찾아가 사실관계를 확인하려 했다. 그것은 단순한 분노의 표출이 아니었다.

며칠이 지나고 도윤이 엄마는 이렇게 말했다.

"아이 말만 듣고 학교로 쫓아간 제가 좀 부끄러웠어요. 그때는 정말 화가 났지만 시간이 지나니까 선생님이 많이 애쓰셨다는 게 느껴지더라구요."

이런 마음은 대부분의 학부모가 공감할 수 있는 감정이다.

사실 많은 부모는 내 아이가 다쳤다는 사실 앞에서 죄책감과 당혹감을 동시에 느낀다.

"내가 보내지 않았더라면… 내가 좀 더 확인했더라면…" 하는 자책은 종종 누군가에게 책임을 돌리고 싶다는 마음으로 변하곤 한다. 게다가 아이의 말만이 유일한 정보일 경우, 부모는 그 말을 전적으로 믿고 싶어진다. 아이의 말이 흔들리면 부모 자신의 불안도 함께 흔들리기 때문이다.

결국, 학부모가 사고에 대해 책임을 묻는 말 속엔 이런 정서적 호소가 숨어 있다.

"내 아이의 고통을 누가 함께 걱정해 주고 있나요?"

이 순간 드러나는 것은 누가 잘못했는지가 아니다.

학부모와 학교는 서로 다른 언어와 기준으로 사건을 해석하고 있다는 사실이다.

이 해석의 차이는 때때로 책임 추궁으로, 때로는 불신으로 드러나며 협력을 어렵게 만든다.

우리는 어떻게 협력할 수 있을까?

갈등은 감정에서 출발하지만 반복되는 갈등 뒤엔 늘 구조라는 그림자가 있다.
학교와 학부모가 진정으로 협력하기 위해선 감정을 인정하는 것에서 멈추지 않고, 그 감정을 낳게 만든 구조를 함께 바꾸려는 노력이 필요하다.

작은 제안이 만든 협력의 모델

실제로 협력 구조가 잘 작동한 사례도 있다.
2학년 수학여행 일정을 담은 가정통신문이 학부모들에게 전달되었고, 거기엔 오전 6시 50분까지 학교에 도착해야 하며 점심 도시락을 지참하라는 안내가 포함돼 있었다.
이 내용을 접한 일부 학부모들은 새벽부터 도시락을 준비하는 것이 현실적으로 무리라고 느꼈다. 그중 한 학부모는 학부모회장에게, 학교가 도시락 단체 주문을 지원해 줄 수 있는지 제안했다. 학부모회는 학교 측과 논의에 들어갔지만, 이미 수학여행 예산이 모두 편성된 상태라 학교 예산으로 도시락을 준비하는 것은 어렵다는 답변을 받았다. 예산을 조정하려면 수학여행 일정 자체를 변경해야 할 정도였기 때문이다.
대신 학교는 학부모회 차원에서 자율적으로 도시락 신청을 받는 데 동의했고, 학부모회는 외부 도시락 신청을 받아 필요한 가정에 안내했다. 도시락 준비가 어려운 학부모들은 부담을 덜 수 있었고, 여행 준비가 훨씬 수월해졌다. 학교 역시 고속도로

휴게소에서 타 학교와 겹치지 않기 위해 시간을 효율적으로 운영하려 했기에, 도시락 단체 주문은 일정 조율에도 큰 도움이 되었다.

이처럼 작은 불편에 대해 학부모가 제안하고 학교가 열린 태도로 협조한 결과 선생님, 학생, 학부모 모두가 만족할 수 있는 해결책을 만들어낸 것이다. 갈등은 있었지만 분명한 협력의 모델이었다.

껍데기 제도에서 작동하는 구조로

제도적으로는 학부모 참여가 보장되어 있는 듯 보이지만, 실질적으로는 제대로 작동하지 않는 경우가 많다. 학부모의 의견이나 문의는 여전히 교무실로 직접 전화를 걸어야 하는 방식이 대부분이고, 이는 민원이라는 이름으로 처리되기 일쑤다. 이후의 응대도 담당자에 따라 복불복이다.

학부모가 자율적으로 의견을 나누고 수렴할 수 있는 창구, 즉 학부모회의 활성화는 학교장의 의지에 크게 좌우된다. 구성원 간 신뢰가 견고하려면 구조 역시 견고해야 한다. 학교는 단지 형식적인 협의회 구성원으로 학부모를 채워 넣는 것이 아니라, 분기별로 정기적인 회의와 소통 자리를 마련해 상시 협력 구조를 구축할 필요가 있다.

교문은 벽이 아니라 연결의 시작점이어야 한다

우리는 흔히 학교-학생-학부모를 교육 공동체의 세 축이라 말한다. 그러나 현실은 이 셋이 주체적으로 협력하는 삼자 구조로 보기 어렵다. 학교는 학부모를 단순 참여자가 아닌 교육의 공동 기획자로 인정하고 함께 설 수 있는 구조를 마련해야 한다.

그 구조가 신뢰라는 튼튼한 고리 안에서 자라날 수 있도록 모두가 노력해야 한다.

"학교가 잘 할 테니 믿고 지켜봐 달라"는 말은 때로 학부모를 공동체 밖으로 밀어내는 말이 될 수 있다. 갈등과 오해는 대부분 '모름'에서 비롯된다. 서로를 알게 되면 부족함이 보여도 믿고 기다릴 수 있다. 결국 우리는 같은 아이를 두고 있는 사람들이다.

학교는 교문 안에서 부모는 교문 밖에서 아이를 지켜본다. 그러나 우리가 바라보는 방향은 다르지 않다. 우리가 바라보는 대상은 같다. 바로 우리 아이들이다.

교사는 두려움 속에서도 아이를 지켜냈고, 부모는 무력감 속에서도 기도와 더불어 아이의 이름을 되뇌었다. 서로 다른 자리에 있었지만 같은 마음으로 같은 아이를 바라보고 있었다. 그래서 우리는 협력해야 한다. 아니, 협력하지 않을 수 없다. 교문은 벽이 아니다. 서로 마주 앉기 위한 시작점이어야 한다.

학교는 이제 단지 가르치는 곳이 아니다. 아이들이 하루의 반

이상을 살아가는 삶의 공간이며, 부모는 그 삶을 함께 책임지는 공동 주체다. 이제는 대립도 일방적인 통보도 아닌, 동반자로서의 재설계가 필요하다.

교문은 더 이상 경계선이 아니라, 연결의 상징이어야 한다. 그리고 지금, 그 교문 앞에서 우리는 스스로에게 이렇게 물어야 한다.

"우리는 지금, 이 아이들을 위해 무엇을 함께할 수 있는가?"

그 질문 앞에서 교문은 더 이상 우리를 가르는 문턱이 되어선 안 된다.

마음 한 칸, 생각 메모

마음이 들려주는 이야기를 남겨 보세요.

학부모회 사용법

작은 학교, 학부모회 임원 되다

경기도에서 전라남도 혁신도시로 이사했다. 아버지는 경상도 출신, 어머니는 충청도 출신이기에 전라도엔 아는 이 하나 없었다. 아내 역시 마찬가지였다. 낯선 지역에서 새로운 관계를 맺는 일이 쉽지 않았지만 결국 그 시작은 아이들이 열어주었다. 전교생이 60여 명인 작은 초등학교에 아이가 입학한 첫해, 아내와 함께 공개수업에 참석했다. 그날은 학부모회 총회도 함께 열렸고, 전년도 회장이 새로운 임원을 선출하는 자리였다. 예상대로 자원자는 없었다. 결국 원도심 학부모 중 한 분이 회장을 맡았고, 혁신도시에서 전학 온 가정 중에서 부회장을 맡아줄 사람을 찾기 시작했다. 참석한 20여 가정 중 혁신도시 출신은 5~6가정뿐이었고, 모두 조용히 눈치를 보던 중 내 둘째 아이 친구 어머니가 나를 추천했다. 그 순간 분위기가 '그래, 이 사람이면 되겠네'로 바뀌며 모두가 나를 부회장으로 추대했다. 그렇게 예상치 못하게 학부모회 활동이 시작되었다.

그전까진 학교에 가는 일이라곤 공개수업이나 상담뿐이었고 학부모회가 어떤 일을 하는지도 관심이 없었다. 엄마들이 중심이 되는 활동에 아빠인 내가 과연 잘할 수 있을까 걱정도 됐다. 하지만 작은 학교였기에 '나라도 해야겠다'는 마음으로 부회장을 맡았다. 솔직히 규모가 큰 학교였다면 '누군가 하겠지' 하며 뒤로 빠졌을지도 모른다.

첫 걸음

학교마다 차이는 있지만 학부모회에는 일정 예산이 배정된다. 나의 첫 임원회의는 배정된 예산을 바탕으로 연간 계획을 세우는 자리였다. 회의에서는 전년도 활동을 살펴보고 올해 어떤 활동을 할지, 예산을 어떻게 배분할지를 논의했다.

이 회의를 통해 처음 알게 된 사실이 하나 있었다. 도교육청에서 학부모회를 대상으로 공모사업을 진행한다는 것을 알게 되었는데, 학부모회가 계획서를 제출하여 심사를 거치면 추가 예산을 받을 수 있다는 내용이었다. 학교 예산만으로는 부족하기 때문에 두 번째 회의에선 이 공모사업 계획서를 준비하는 것이 주요 과제가 되었다. 회장님과 총무님의 도움을 받으며 담당 선생님께 제출할 계획서를 작성했다. 이렇게 작성된 계획서는 담당 선생님을 거쳐 도교육청에 신청되는 과정으로 진행되었다.

계획서에는 다양한 활동이 담겼다. 예를 들어, '비폭력 대화' 같은 학부모 교육, '냅킨아트'나 '라탄공예' 같은 체험 활동, '독서 동아리'나 '락밴드' 같은 동아리 활동 등이었다. 각 활동에 대한 기대효과도 반드시 포함되어야 했다.

이렇게 나의 첫 학부모회 활동은 '계획 세우기'라는 낯선 작업으로 시작됐다. 학부모회가 단순한 모임이 아니라 생각보다 다양한 역할을 한다는 것을 그제야 깨달았다.

학교와 함께 걷기

두 번의 회의를 마친 뒤, 학교에서는 봄맞이 행사가 하나둘 다가오고 있었다. 세 번째 회의 주제는 바로 이 행사들에 학부모들이 어떻게 참여할 수 있을지 논의하는 것이었다. 누가 어떤 부분을 도울 수 있을지 점검하고 자원자를 모집했다.

초등학교답게 학부모들의 관심은 높았다. 특히 혁신도시에서 전학 온 학부모들이 적극적으로 참여해 주었다. 내가 부회장을 맡으면서 엄마들이 집에서 아빠들에게 "당신도 좀 참여해 보라"고 권유했던 덕분인지, 아빠들의 참여도 눈에 띄게 늘어났다. 행사 때 함께 움직일 수 있는 아빠들이 많아지니 정말 든든했다.

작은 학교일수록 아빠들의 손길이 의외로 중요하다. 자전거 하이킹 행사 때는 학년별로 아빠들이 따라가 아이들을 챙기고 보조교사 역할도 했다. 함께한 아빠들 또한 즐거워하며 가을 행사에도 다시 참여하겠다고 약속했다. 아침마다 그림책을 읽어주는 활동에도 몇몇 아빠들이 참여하며 아이들에게 색다른 즐거움을 선사했다.

학부모회는 학부모와 학교를 연결해 주는 다리가 되어야 한다는 말을 이때 처음 실감했다.

의견의 통로, 학부모회

학교 활동이 본격적으로 시작되면 학부모들 사이에서도 다양한 질문과 의견들이 오간다. 대부분 아이들과 학교에 대한 이야기들이다. 내 아이에 대한 궁금증부터 행사 안전 문제, 새로운 제안 등 내용은 다양하다. 칭찬도 있지만 아무래도 불만이 담긴 이야기들이 더 귀에 잘 들어온다. 사건이나 다툼이 생기면 단톡방은 금세 소란스러워진다. 특히 엄마들의 정보력은 놀라울 정도로 빠르다.

학년 초마다 반복되는 통학 차량 노선 문제도 빠지지 않는다. 누군가는 집에서 너무 멀다고 불만을 말하고, 누군가는 직접 지도를 그려와 노선 변경을 제안하기도 한다. 이렇게 이해관계가 얽히면 학교만으로는 조정이 쉽지 않다.

이럴 때 학부모회를 통해 의견을 모아 학교에 전달하는 것이 훨씬 효과적이다. 다양한 의견을 수렴하고 조정하는 역할, 그

것이 학부모회의 중요한 기능이다. 특히 소수의 의견은 개별적으로 전달하면 묻히기 쉽지만, 학부모회를 통해 공식적으로 건의하면 반영될 가능성이 높아진다.
학부모회는 단순한 친목 모임이 아니라, 학부모들의 목소리를 모아 학교에 전하는 의견 조율자 역할을 한다고 생각한다.

마음을 나누는 안정제

학부모회 활동을 하며 가장 좋았던 것은, 선배 학부모들과의 만남이었다. 아이를 먼저 키워본 이들의 경험담은 큰 위안이자 나침반이 되었다. 무엇보다 '나만 그런 게 아니었구나'라는 공감은 큰 힘이 되었다.
한번은 중1 아들이 좀처럼 씻지 않는다며 푸념했더니 선배 학부모가 웃으며 말했다. "중2 되면요, 말 안 해도 알아서 씻어요." 그땐 믿기 어려웠지만, 정말로 중2가 되니 아들은 매일 아침 스스로 씻고 학교에 갔다. 그 조언 하나에 마음이 가벼워졌다.
이처럼 교육 프로그램이나 학교 활동에 참여하면서 나누는 일상 속 자녀 이야기는 내 삶에도 작지만 확실한 도움이 되었다. 때로는 정보보다 경험에서 우러난 공감이 부모에게는 더 큰 안정제가 된다.

관계의 원칙

아이를 키우며 학부모들과 만날 때, 내가 지켜온 원칙이 있다. 바로 비교하지 않기다. "그 아이는 그렇구나" 하고 넘기면 된다. 우리 아이를 다른 아이와 비교해 대화하게 되면 자녀와의 관계는 물론, 그 아이와의 관계도 깨지게 된다. 그 결과는 자녀의 학교생활에도 영향을 준다.

또 한 가지는 내 아이를 자랑하지 않는 것이다. 사람들은 대부분 자기 이야기를 하고 싶어하지 남의 이야기를 듣고 싶어하지 않는다. 오히려 내가 보지 못한 우리 아이의 장점을 이야기해 주는 사람이 반갑다. 다른 아이를 칭찬하는 대화를 나눌 수 있다면 그 만남은 더욱 따뜻한 관계로 이어진다.

학교에 다니는 모든 아이들을 생각하며 만나는 것이 좋다. 친구들이 잘 자라야 내 아이도 잘 자란다. 아이는 혼자 성장할 수 없다. 함께 자랄 때 더 행복해진다.

아무 연고 없는 지역에서 시작된 우리 가족의 학교생활. 학부모회를 통해 만난 사람들 덕분에 많은 것을 배우고 삶의 새로운 방향을 발견할 수 있었다. 물론 좋은 관계를 맺기 위해서는 시간과 노력이 필요하다. 하지만 아이와 함께 성장할 친구들의 부모님과 만나는 일은 그 시간과 노력을 들일 만큼 가치가 있는 일이다.

학부모회에서의 활동은 우리 아이만을 위한 것이 아니다. 우리 아이와 함께 살아갈 친구들 모두가 행복해질 수 있도록 돕는 일이자 함께 잘 살아가는 사회를 만드는 작은 실천의 시작이다.

우리 아이들을 위해 학부모회가 잘 활용되기를 진심으로 소망한다.

마음 한 칸, 생각 메모

마음이 들려주는 이야기를 남겨 보세요.

어떤 학교에 보내야 할까?

두근두근, 공동육아의 시작

둘째가 어린이집에 다닐 만큼 자라자 우리는 직장 가까운 곳으로 이사했다. 마침 첫째가 초등학교에 입학할 시기였지만 맞벌이 가정인 우리에게 학교 수업이 끝난 뒤 아이의 돌봄 문제가 큰 고민이었다. 학원에 보내는 것도 선뜻 내키지 않던 그때, 같은 라인의 이웃이 '두근두근'이라는 초등 방과후 공동육아 모임을 소개해 주었다.

'두근두근'은 학부모들이 공간을 마련하고 선생님을 고용해 아이들이 자율적으로 활동할 수 있도록 돕는 공동체였다. 학년을 넘나드는 또래 집단 속에서 아이는 형, 누나, 동생들과 자연스럽게 어울렸다. 학교 수업이 끝나면 마당놀이, 뜨개질, 병뚜껑 만들기 같은 활동을 하며 저녁까지 즐겁게 시간을 보냈다. 방학 중에는 하루 종일 맡길 수 있었고, 자전거를 배워 과천에서 김포까지 다녀오기도 했다.

특히 또래 친구들과 영화를 만든다며 쌀쌀한 가을날을 뛰어다

니던 모습은 지금도 선하다. 첫째는 시나리오와 촬영에 참여해 두 편의 영화를 완성했고, 그중 한 편은 부산국제어린이영화제에서 상도 받았다. 월 1회 열리는 부모 모임과 가족 들살이 활동 덕분에 아이들뿐 아니라 부모 간에도 끈끈한 공동체가 형성됐다. 학교에서는 경험하기 어려운 이런 맞춤형 활동 덕분에 내성적이던 첫째도 친구들과 자연스럽게 어울릴 수 있었다. 반면 공교육은 해마다 경험이 달랐다. 어떤 해는 담임 선생님 덕분에 안정적이고 따뜻했지만 또 어떤 해는 첫째가 유난히 힘들어하기도 했다. 단지 담임 한 사람의 문제가 아니라는 것도 점차 알게 되었다. 복잡한 교육 구조 속에서 불만을 딱 짚어 말하기도, 개선을 요구하기도 어려웠다. '두근두근'에서의 시간은 아이에게 위안이었고 학교생활을 버티는 힘이 되어주었다. 특히, 첫째가 힘들어했던 4학년 때는 '두근두근'처럼 자유로운 대안학교로 옮기고 싶은 마음도 컸다. 하지만 무상교육인 공립 초등학교를 포기하고 교육비가 높은 대안학교로 전학하는 것은 현실적으로 부담이 컸다. '두근두근'도 일정 비용이 들긴 했지만 학원비 수준이었기에 그나마 가능한 선택지였다.

작은 학교에서 찾은 희망

직장 문제로 전남 나주 혁신도시로 이사하게 되었다. 익숙한 공동육아 모임을 떠나 새로운 곳에서 정착해야 한다는 생각에 불안감이 컸다. '두근두근'처럼 아이들이 신나게 뛰놀 수 있는 공동체를 다시 만날 수 있을까 걱정이 앞섰다.

그러던 중 전교생 60명 남짓한 작은 초등학교를 알게 되었다. 학교 설명회 영상 속 자전거 일주, 드론 조종 같은 체험형 프로그램이 눈길을 끌었다. 마치 '두근두근'의 활동들이 학교로 옮겨온 듯한 느낌이었다. 아이들과 함께 학교를 방문했고, 교감 선생님의 설명을 들은 뒤 아이들도 긍정적인 반응을 보여 전학을 결정했다.

작은 학교의 일상은 놀라웠다. 한 학급에 12명 내외로 구성되어 발표와 참여가 누구에게나 일상이었다. 선생님들은 각자의 방식으로 아이들을 세심하게 지도하며 열정을 쏟았다. 무엇보다 '두근두근'에서 비용을 내고 했던 다양한 활동들이 공립학교 안에서는 국가 지원을 통해 이루어지고 있다는 점이 감동적이었다.

학교 밖 활동도 활발했다. 학부모, 학생, 선생님이 한 팀이 되어 '청소년 미래도전 프로젝트'에 참여했고, 아이들은 중남미문화원을 비롯해 전국의 문화 공간을 방문하며 세계 문화를 체험했다. 이듬해에는 다섯 명의 아이들이 제주도를 자전거로 일주했고, 또 다른 해에는 나주와 경주를 탐방하며 고대 문화를 몸으로 배웠다. 2024년까지 거의 매해 이 프로젝트에 선정되며 아이들은 책이 아닌 경험으로 세상을 배웠다.

이런 활동들은 주말이나 방학 동안 진행되었기에 교사들에게는 큰 부담이었을 것이다. 그럼에도 선생님들은 아이들과 함께 땀 흘리는 시간을 마다하지 않았고 아이들은 그 속에서 더욱 단단해졌다. 이 모든 것이 가능했던 건 학부모들의 자발적인 지원과 협력 덕분이었다. 학교는 단지 수업을 듣는 공간이 아니라 어른과 아이가 함께 살아가는 하나의 공동체였다.
물론 작은 학교라고 해서 모든 게 완벽하진 않았다. 우리 아이들은 즐겁게 학교생활을 이어갔지만 함께 전학 온 친구들 중에는 고학년이 되며 다시 도시 학교로 전학을 택한 경우도 있었다. 반이 하나뿐인 소규모 학교는 친구 관계가 깊어질 수 있는 장점이 있지만 반대로 다양한 친구를 만날 기회는 적었다. 마음이 잘 맞지 않는 친구와 끝까지 한 반에서 지내야 하는 부담도 있었다.
결국 완벽한 학교는 없다. 중요한 건 우리 아이에게 맞는 학교를 찾는 일이다.

이상과 현실 사이의 줄타기

우리나라에는 다양한 학교들이 존재한다. 교육과정을 자유롭게 운영하면서도 학력이 인정되는 교육부 인가 대안 중·고등학교가 있고, 학력이 인정되지 않는 비인가 대안 학교도 있다. 비인가 학교에 다니면 검정고시를 봐야 졸업장이 나오고, 국가 지원이 없어 교육비가 크게 부담된다. 일부 학교는 사립대 등록금보다 높은 학비를 요구하기도 한다. 좋은 교육을 시키고 싶은 부모의 마음은 같지만 현실 앞에서는 누구나 고민하게 된다. 나 역시 아이에게 더 나은 교육 환경을 주고 싶어 늘 고민했고 가능한 최선의 선택을 해왔다. 그러나 그 선택은 언제나 쉬운 일이 아니었다. 어떤 학교가 우리 아이에게 맞을지 어떤 환경이 도움이 될지 수없이 고민했지만 결국 선택은 거주지, 비용, 아이의 성향이라는 현실적 조건에 따라 좁혀질 수밖에 없었다. '두근두근'에 보냈던 것도 집 근처에 그런 공간이 있었기 때문이다. 작은 학교로 보낼 수 있었던 것도 가까운 곳에 그 학교가 있었기 때문이다. 중학교 진학 시기에는 강진에 있는 대안형 중학교도 고려했지만 아이는 기숙사보다는 통학을 원했고, 결국 일반 중학교로 보냈다. 고등학교 진학 때는 충청도에 있는 대안학교도 알아봤지만 사립대보다 비싼 학비 앞에서 현실적인 선택지를 고민할 수밖에 없었다. 결국 가까운 공립 고등학교에 진학했다.

학교 선택은 늘 이상과 현실 사이의 줄타기였다. 더 좋은 교육을 바라는 마음은 크지만 우리를 둘러싼 현실적인 조건들이 늘 선택을 제한했다.

선택을 위한 질문

2024년 기준, 대한민국 고등학생의 85.2%가 대학 입시를 준비하는 일반계 고등학교, 특목고, 자율고에 진학하고 있다(국가교육통계센터). 좋은 대학이 좋은 직장을 보장한다는 믿음은 고등학교 선택에도 그대로 반영되고 있다. 하지만 이런 믿음은 오히려 아이들의 가능성을 제한하고 있다.

특성화고에 진학하는 학생들조차 대학 입시를 염두에 두고 선택하는 경우가 있다. 대다수가 대학을 목표로 하기에 다른 길을 걷는 일은 여전히 낯설고 부담스럽다. 특성화고를 졸업한 친구들이 사회에 잘 적응하고 존중받으며 살아갈 수 있는 환경이어야 한다. 그러나 우리는 여전히 비교와 경쟁의 틀 안에 있다. 이 구조 속에서는 아이들이 자신의 길을 스스로 찾기 어렵다. 이제는 이 틀 자체를 바꿔야 한다. 그래야 우리 아이들이 진짜 행복한 삶을 살아갈 수 있다.

다양한 학교가 점점 생겨나고 있지만 아직은 선택지가 부족하다. 2024년 기준 대안교육기관지원센터에 등록된 학교는 240곳이며, 그중 기숙형은 28곳에 불과하다. 앞으로는 아이들이 자신의 성향과 꿈에 맞게 학교를 선택할 수 있도록 더 많은 학교, 더 다양한 교육 방식이 필요하다.

학교 선택은 단지 정보의 문제가 아니다. 부모로서 우리는 언제나 아이에게 가장 잘 맞는 길을 찾고자 고민한다. 완벽한 학교는 없지만 우리 아이에게 더 나은 내일을 열어줄 수 있는 학교를 함께 찾아가는 여정.

그 여정에서 가장 중요한 것은 학교가 아닌 아이 자신을 중심에 두는 것이다.

선생님도 떠나고, 아이도 졸업하지만

학교의 울타리, 학부모

학교는 학생의 성장을 위해 존재한다. 그 성장을 이끄는 핵심은 선생님이다. 교육의 전문가인 선생님은 아이들의 배움을 안내하는 중요한 역할을 맡고 있다. 그러나 최근 청주의 고등학교 흉기 난동 사건이나 전주의 초등학교 담임 교체 사건과 같은 사례들은 우리 교육 현실의 어두운 단면을 분명히 보여주고 있다. 선생님만으로는 아이들을 건강하게 성장시키기에 부족하다는 점이다. 선생님은 교육의 필수조건이지만 아이를 잘 키우기 위해서는 학부모와 지역사회가 함께 만들어가는 울타리가 필요하다.

교육 활동의 동반자, 학부모

교실, 운동장, 교구 같은 물리적 환경도 중요하지만 결국 교육의 중심은 사람이다. 그리고 그 중심에 있는 이는 바로 선생님이다. 어떤 선생님을 만나느냐에 따라 아이의 인생이 달라지기도 한다. 하지만 선생님 혼자만으로는 부족하다. 선생님이 아이들의 성장을 더 잘 이끌어내기 위해서는 학부모의 지지와 신뢰가 함께할 때 비로소 큰 힘을 발휘한다.

나주의 한 초등학교에서는 5~6학년 학생들이 생태 프로젝트 수업의 일환으로 조류 충돌 방지 캠페인을 진행했다. 왕복 4차선 도로의 투명 방음벽 유리에 조류 충돌을 막기 위한 작은 스티커를 10cm × 5cm 간격으로 붙이는 작업이었다. 차량이 오가는 도로 위에서 진행된 이 수업은 학부모의 반대가 있었다면 쉽게 이루어질 수 없었을 것이다. 그러나 5명 이상의 학부모가 노란 조끼를 입고 앞뒤에서 아이들의 안전을 지켜주며 함께해 주셨다. 보조교사의 역할을 기꺼이 맡아주신 것이다.

이 수업을 통해 아이들은 사람이 생태계에 어떤 영향을 미치는지를 직접 보고 몸으로 느끼는 경험을 할 수 있었다. 생명에 대한 소중함을 마음에 새긴 아이들은 이후 다양한 활동에서도 그 변화된 태도를 보여주었다. 이 캠페인은 2년간 꾸준히 이어졌고 결국 전라남도 나주시 조례 제2116호인 「야생 조류 유리창 충돌 저감 및 예방에 관한 조례」로 제정되기에 이르렀다.

이 학교에서는 매년 봄과 가을, 자전거 하이킹을 떠난다. 이때도 학부모가 아이들의 앞뒤에서 함께 자전거를 타며 안전을 지켜주신다. 아침마다 반별로 학부모가 그림책을 읽어주는 활동도 있다. 이 모든 활동은 학부모가 선생님을 신뢰하고 필요할 때 함께해 주기에 가능한 일이다.

물론 언제나 참여가 가능한 것은 아니다. 때로는 “이번에는 어렵다"고 솔직하게 말씀해 주시면 선생님이 다른 방법을 찾거나 계획을 조정하기도 한다. 이런 유연함은 학부모와 선생님 사이의 신뢰에서 비롯된다.

이러한 신뢰 관계를 유지하고 강화하고자 분기마다 선생님들과 학부모회 임원들은 정기 모임을 가진다. 이 모임에서 학교 운영 계획을 공유하고 학교 발전에 필요한 지원 방안에 대해 논의한다. 또한, 학부모님들이 학교에 대한 궁금증이나 건의사항을 전달하면 학교는 이에 대해 상세히 답변하고 앞으로의 추진 방향을 설명한다. 모임 이후, 임원진은 논의된 내용을 전체 학부모님들과 공유하며 학교와 학부모 간의 협력을 돈독히 다지고 공동의 뜻을 모아 나가게 된다.

학기말에는 '교육 활동 반성회'가 열린다. 이 자리는 단순히 성과를 평가하는 것에 그치지 않고 교사와 학부모, 그리고 학생이 한자리에 모여 학교 교육의 전반적인 방향을 함께 논의하는 의미 있는 시간이다. 학부모님들과 학생들은 이 자리에서 학교 교육에 대한 다양한 의견을 허심탄회하게 나눈다. 때로는 우려되는 부분을 조심스럽게 지적하기도 하고 학교 발전을 위한 참신한 아이디어를 제안하기도 한다.

학부모님이나 학생들의 제안에 대해 선생님들께서는 구체적인 설명을 덧붙여 주시기도 하고, "그 부분은 저희가 미처 생각하지 못했습니다"라며 개선과 반영을 약속해 주시기도 한다. 물론 현실적인 여건 때문에 모든 제안이 곧바로 받아들여지지 않을 수도 있다. 하지만 이 모든 과정은 깊은 신뢰를 바탕으로 이루어진다. 서로의 생각은 다를지라도 더 나은 학교를 만들고

자 하는 한마음으로 우리는 함께 지혜를 모아 더 발전적인 방향을 찾아 나간다.

아이들을 함께 키우는 마을

학교의 활동에 적극 참여해 주시는 학부모도 있고 여건상 참여가 어려운 학부모도 있다. 어떤 분은 "나는 참여하지 못하는데, 우리 아이가 혹시 소외되거나 차별받지는 않을까?" 걱정하기도 한다. 때로는 그런 마음에서 민원을 제기하는 경우도 있다. 충분히 이해할 수 있는 마음이다.

하지만 시야를 조금 넓혀서 바라보았으면 한다. 어떤 부모는 시간의 여유가 있어 도와줄 수 있고, 그 덕분에 학교는 더 나은 교육과정을 운영할 수 있다. 결국 그 혜택은 모든 아이가 함께 누리는 것이다. 누구 한 명의 부모가 도와줬다고 해서 그 아이만 특별 대우를 받거나 도와주지 않는 부모의 아이가 차별받는 일은 결코 없다.

최근 체험학습 중 사고로 인솔 교사가 유죄 판결을 받은 일이 있었다. 이 사건 이후, 학교 현장에서는 체험학습을 기피하려는 분위기가 생겨나고 있다. 물론 생명과 안전은 언제나 최우선이다. 그렇기에 더 촘촘한 보완이 필요하다. 그러나 처벌만으로는 해결되지 않는다. 당장 인력을 보충하기도 어려운 현실이다. 이럴 때 학부모가 함께할 수 있다면 어떨까. 아이들에게 더 넓은 배움의 기회를 열어주는 데 학부모의 동참은 분명 새로운 가능성이 된다.
아이들은 결코 혼자 키울 수 없다. 많은 사람의 관심과 도움이 필요하다. 참여해 주는 이들을 지지하고 고마워하는 마음이 모이면 더 많은 학부모가 함께할 수 있다. 그러면 아이들은 더 건강하고 풍요롭게 자라날 수 있다.
"아이 하나를 키우려면 온 마을이 필요하다"는 아프리카 속담이 있다. 교육은 혼자서는 해낼 수 없다. 모두가 함께할 때 비로소 가능하다. 학교 교육에 관심을 갖고 작지만 꾸준히 함께하려는 마음이 필요하다. 내 아이만이 아닌 우리 아이들을 향한 넓은 마음이 대한민국 교육의 미래를 밝힐 것이다.

선생님이 떠난다

학교에는 다양한 교육과정이 생겨났다가 사라진다. 아무리 좋은 교육과정도 여건에 따라 지속되기 어렵다. 특히 공립학교는 교사 이동이 잦아 하나의 교육과정을 꾸준히 이어가기 어렵다. 그럼에도 각 선생님이 학생들을 위해 마련한 교육과정은 저마다 의미가 있다. 내용은 달라도 교사의 성향과 교육 철학이 반영된 과정은 각기 다른 매력과 장점을 지니고 있다.
돌이켜보면 한 번의 행사보다 중요한 것은 일상이다. 자전거 하이킹도, 조류충돌방지 캠페인도 결국은 학교 일상 속 관계를 다지고 배움을 확장하는 매개였다. 아이가 매일 아침 학교에 가서 선생님을 만나고 친구와 관계를 맺고, 작은 성장을 이루는 그 하루하루가 바로 교육의 본질이다.

이러한 학교의 일상을 설계하고 이끌어가는 중심에는 바로 선생님이 있다. 선생님께서 자신의 역량을 충분히 발휘하시기 위해서는 학교가 교사에게 자율성을 부여하고 존중하며 협력하는 문화를 갖추어야 한다. 즉, 단순히 지시 중심의 방식이 아니라 교사에 대한 존중과 자율성이 바탕이 될 때 비로소 진짜 교육이 가능해진다.

하지만 선생님 혼자만의 힘으로 좋은 교육을 꾸준히 이어가기는 현실적으로 매우 어렵다. 아무런 지원이나 지지 없이 오직 열정만으로 학생들의 배움을 이끌어가는 것은 결코 쉬운 일이 아니기 때문이다. 때로는 자신의 교육적 열정을 모두 쏟아내기도 전에 여러 가지 현실적인 어려움으로 인해 안타깝게도 많은 선생님들이 학교를 떠나게 된다.

전주의 한 초등학교에서는 담임이 6번이나 바뀌는 일이 있었다. 가장 큰 피해를 입는 것은 그 반 아이들이다. 공립학교 교사는 한 학교에 4년 이상 근무하기 어렵고, 빠르면 2년 만에, 특별한 경우 1년 만에 전근을 가기도 한다. 결국 아이들의 성장과 배움을 위해 애쓰시는 선생님들이 학교에 오래 머무는 것이야말로 좋은 학교를 만드는 매우 중요한 조건이다. 그러므로 선생님들이 안정적으로 교육 활동에 전념하며 학교에 계속 머물 수 있도록 지원하고 긍정적인 여건을 조성하는 일이 무엇보다 중요하다.

더 머무를 수 있었는데 떠나게 되는 경우도 많다. 결혼이나 주거 이동, 리더십과의 불협화음, 학부모와의 갈등 등이 원인이다. 특히 학부모와의 문제로 인해 아이들을 위해 헌신하던 선생님이 학교를 떠나는 일은 없어야 한다.

새 교장 선생님이 부임할 때, 학부모가 완충 역할을 해주는 것도 중요하다. 누구나 일방적인 지시를 반기지는 않는다. 교장 선생님이 기존의 흐름과 새롭게 시도하려는 일 사이에서 균형을 잡을 수 있도록 학부모가 중심을 잡아야 한다. 이 완충이 제대로 이뤄지지 않으면 기존의 좋은 교육과정은 중단되고 새로운 시도는 지연된다.

학부모가 한쪽으로 치우치지 않고 균형을 잡아줄 때 선생님은 오래 머물 수 있고 배움은 꾸준히 이어질 수 있다.

함께 세우는 교육 공동체

선생님들은 떠나신다. 학생들도 졸업한다. 학교에 가장 오래 남는 사람은 학부모이다. 둘째가 초등학교에 다닐 때, 교장 선생님은 세 분이 바뀌었고 교감 선생님도 세 번이나 교체되었다. 둘째가 졸업한 다음 해에는 네 번째 교감 선생님이 부임했다. 이 흐름을 끝까지 지켜본 사람은 교사가 아니라 학부모였다. 한 아이가 입학해 졸업하기까지 6년, 자녀가 셋이라면 한 학부모가 10년 넘게 한 학교에 머무를 수도 있다. 결국 학교 문화를 가장 오래 경험하고 변화의 흐름을 지켜보는 존재는 학부모다. 학부모는 더 이상 단순한 관망자가 아닌, 학교 문화를 함께 만들어가는 울타리여야 한다.

좋은 교육과정은 선생님이 만들 수 있다. 하지만 그 교육이 지속되려면 학부모의 지지와 협력이 필요하다. 교사와 학부모가 서로를 신뢰하고 지지할 때 선생님은 아이들에게 더 많은 에너지를 쏟을 수 있다.

교육은 하루의 이벤트가 아니라 일상의 연속이다. 좋은 하루들이 쌓여야 좋은 교육이 된다. 선생님이 하루하루의 교육을 만들어가고 학부모가 그 하루를 지지한다. 이 둘이 함께할 때 학교는 교육기관을 넘어 배움의 공동체가 된다. 나는 나주의 한 초등학교에서 그러한 공동체를 경험했다.

물론, 중고등학교는 초등학교와 다르다. 규모도 크고 학부모가 직접 참여할 기회도 적다. 아이들이 자라면서 부모의 손이 덜 가는 건 자연스럽다. 그래서 중고등학교에서는 학부모의 직접적인 지원은 줄고 참여 방식도 제한된다.

하지만 그렇다고 학부모의 관심과 소통이 덜 중요해지는 것은 아니다. 중고등학교에서도 아이들이 잘 배우고 건강하게 성장하려면 여전히 학부모의 역할이 필요하다. 선생님과 학교에 대한 이해와 지지 없이는 아이의 배움도 교사의 교육 역량도 제대로 꽃피기 어렵다.

내 아이만을 위한 요청을 넘어서 우리 학교 모든 아이의 성장을 함께 바라보는 마음이 필요하다. 선생님이 교육에 집중할 수 있도록 지지하고, 아이들의 배움이 더 깊어질 수 있는 환경을 함께 만드는 학부모가 되어야 한다.

이제 학부모는 교육의 관망자가 아닌 교육 공동체를 함께 세워가는 주체가 되어야 한다. 그 변화는 한 사람의 부모가 아이를 믿고 선생님을 지지하며 학교를 이해하려는 마음에서 시작된다.

물론 혼자서는 어렵다. 그래서 우리는 함께해야 한다. 학부모들이 생각을 나누고 뜻을 모아 학교와 진심으로 소통할 수 있어야 한다. 이것이 학부모회가 존재해야 할 이유이며 감당해야 할 역할이다.

이제 둘째가 고등학생이 되면서 학부모로서의 여정도 끝을 향해 가고 있다. 그렇기에 남은 시간 동안 교육 공동체를 함께 세워가는 일에 작지만 의미 있는 힘을 보태고 싶다.

당신은 어떤 학부모이고 싶은가?

마음 한 칸, 생각 메모

마음이 들려주는 이야기를 남겨 보세요.

제 3 장

사회에서 나는 학부모

대한민국 교육 시스템과 학부모의 역할

대한민국의 교육 시스템, 이대로 괜찮은가

대한민국의 교육 체제는 초등학교 6년, 중학교 3년, 고등학교 3년, 대학교 4년으로 구성된 6-3-3-4제 구조로, 1951년 도입되어 지금까지 유지되고 있다. 이 제도는 단계적으로 학습 수준을 높여 가며 아이들이 점진적으로 고등 교육으로 나아갈 수 있도록 설계되었지만, 현실은 성적 중심의 경쟁 구조가 뿌리 깊게 자리 잡고 있다.

입시 중심 교육은 아이들에게 과도한 부담을 안기고 있으며, 이를 해결하기 위한 다양한 정책들이 시도되고 있으나 아직 뚜렷한 성과는 체감하기 어렵다. 학부모들은 이 경쟁 속에서 아이가 뒤처지지 않도록 어릴 때부터 사교육에 의존하고, 아이들은 과도한 스트레스 속에서 지쳐가고 있다.

그나마 최근 긍정적인 변화는 주요 과목 위주의 학습에서 벗어나 아이들의 적성과 흥미, 진로를 고려하려는 노력이 조금씩 나타나고 있다는 점이다. 변화하는 사회에 맞춰 초등학교를 1

년 줄이고, 대학교를 5년으로 늘리는 5-3-3-5 체제로 개편하자는 요구도 나오고 있다.

이처럼 변화의 기로에 선 교육 환경 속에서 학부모로서 우리는 어떤 역할을 해야 할까?

입시 제도가 만든 끝없는 경쟁

아이들은 유치원에 가기도 전부터 다양한 조기 교육 기관을 다니며 경쟁을 시작한다. 국·영·수 같은 학습 과목뿐 아니라, 놀이와 일상 속에서도 비교의 대상이 된다. 유치원 입학 이후에는 본격적인 학습 경쟁이 시작된다.

학부모는 다른 아이들보다 뒤처질까 불안해하고, 아이들은 그런 부모의 기대에 맞추기 위해 애쓰며 스트레스를 겪는다. 하지만 대학에 진학한다고 이 경쟁이 끝날까? 그렇지 않다.

의대 정원 확대 이슈가 있을 때 직장인들이 다시 수능을 준비했고, 20~30대 청년들이 로스쿨 입학을 위해 경쟁에 뛰어들고 있다. 경쟁은 끊이지 않고, 사회 곳곳에서 또 다른 시험이 기다리고 있다.

아이들은 언제까지 이 고리를 따라야 할까? 성공이 곧 행복일까? 입시 지옥의 시스템은 누구를 위한 것이며 우리는 무엇을 바꿔야 할까?

바뀌는 정책, 바뀌지 않는 본질

교육과정은 끊임없이 개편되고 있다. 2025년 고2 학생과 고1 학생의 교육과정이 다르다. 대입 제도도 매번 바뀐다. 이에 따라 학부모는 늘 최신 정보를 숙지해야 한다.
작은 정보 하나로 인해 아이가 기회를 놓치기도 하고, 부모는 죄책감에 시달리기도 한다.
우리는 과연 이 변화의 흐름 속에서 무엇을 바라보고 무엇을 준비해야 할까?
정책이 바뀌어도 교육의 본질이 아이의 성장이라는 점은 변하지 않는다.

시험과 평가 속에서 아이들은 끊임없는 비교와 경쟁에 노출된다. 그 결과 우울감, 자존감 저하, 극단적인 선택까지 이어지는 경우도 있다.
학부모는 '지원'이라는 명목하에 교육비와 시간을 쏟아 붓는다. 때로는 그 책임을 아이에게 떠넘기며 정서적 갈등을 겪기도 한다.
'대학교만 가면 괜찮아질 거야.'라는 막연한 희망 속에서 부모와 자녀 관계는 균열을 겪는다. 하지만 그 과정에서 가장 상처받는 건 결국 아이들이다. 완벽한 해결책은 없겠지만, 우리가 할 수 있는 역할을 함께 고민해 보고자 한다.

모든 아이가 같은 길을 걸어야 할까?

우리도 그 길을 걸었기에 아이들의 마음을 더 잘 이해할 수 있다. 하지만 때로는 그 이해가 강요로 바뀌기도 한다.
아이가 하고 싶은 일이 있다면, 학부모는 어떻게 반응해야 할까? "지금은 학생이니까 공부부터 해."라고 말하며 아이의 가능성과 열정을 외면하고 있지는 않은가. 지금의 사회는 예전보다 다양한 진로를 인정하고, 체험과 선택의 기회를 제공하려 노력하고 있다. 학력보다 실력과 역량이 중요해지는 사회, 그 변화를 위해 학부모의 시선부터 바뀌어야 한다.

사회가 고민해야 아이가 행복하다

최근 개정된 교육과정은 미래 역량을 강조하고 있다. 하지만 아직도 아이들은 점수와 등급으로 평가받는다. 수시 전형에서 정성평가의 비중을 늘리고 있지만, 실질적 변화는 더디다.
학교별로 교육과정의 차이가 존재하고, 이로 인해 학생들이 차별을 경험하는 일도 있다. 교육의 진정한 목적은 아이의 잠재력과 성장이다. 우리 사회는 변화를 시도하고 있지만, 여전히 입시 중심 구조와 과도한 사교육, 학벌주의로 인해 아이들이 고통받고 있다.
우리는 어느 날 어쩌다 학부모가 되었다.
그리고 같은 고민을 품은 채 이 글을 읽고 있다.
언제까지 우리는 교육 제도에 대한 불만을 토로하며, 아이를 그 안에 억지로 맞춰야 할까? 변화는 하루아침에 오지 않는다. 하지만, 작은 문제라도 내가 바꿀 수 있는 것부터 시작해 보면 어떨까?
그 변화가 모이면 우리 아이들의 삶은 조금은 더 나아질 수 있다.

마음 한 칸, 생각 메모

마음이 들려주는 이야기를 남겨 보세요.

입시 지옥의 구조

누가 이 시스템을 유지하는가

이제 막 유치원에 입학한 딸을 키우는 지영 씨는 어느 날 또래 엄마들 사이에서 '좋은 수학 학원' 이야기를 듣고 솔깃해졌다. 궁금한 마음에 대화에 나온 학원에 상담을 신청했는데, 상담 선생님의 첫마디가 그녀의 가슴을 철렁 내려앉게 했다.

"어머님, 이미 좀 늦으셨어요."

"네? 늦다니요? 이제 유치원 들어갔는데요?"

"요즘 초등 의대반 아이들은 대부분 선행이 되어 있어요. 한글, 수학, 영어는 기본입니다. 의대를 목표로 하신다면 초등 수학 정도는 끝냈어야 해요. 지금까지 뭘 하신 거죠?"

그 말에 지영 씨는 순간 할 말을 잃었다. 아이가 뒤처지는 건 아닌지, 내가 부족한 엄마라 아이의 미래에 걸림돌이 되는 건 아닌지 생각이 꼬리에 꼬리를 물었다.

일단 초등 의대반에 들어가는 게 급선무인데, 과외라도 시켜야 하나?

고민이 깊어지던 밤, 아이가 평온하게 잠든 얼굴을 보며 지영 씨는 묵직한 한숨을 내쉬었다.

모두가 의대를 향해 달리는 이유는 무엇일까

의대 선호 현상은 이제 고등학생뿐 아니라 초등학생, 심지어 유치원생에게까지 확산되고 있다. 과거에도 우수한 이과생이 의대를 선택하는 경우는 있었지만, 지금처럼 모든 계층과 연령대에서 의대 진학이 목표가 되는 현상은 이례적이다.
2024년 정부의 의대 정원 확대 발표 이후, 고등학생은 물론 재수생, 심지어 직장인들까지 수능을 준비하며 의대 입학을 노렸다. 강남 학원가에는 초등학생을 위한 의대반 커리큘럼이 등장했고, '7세 고시'라는 말까지 유행처럼 번져나갔다.

왜 이렇게까지 의대를 선호하게 되었을까?
2023년 한국직업능력연구원이 발표한 '학생의 직업가치 변화' 보고서에 따르면, 2018~2022년 사이 학생들이 직업을 선택하는 이유로 '자신이 좋아하는 일'보다 '돈을 많이 벌 수 있어서'라는 응답이 점점 증가하고 있다.

+ 학생의 희망 직업 선택 이유

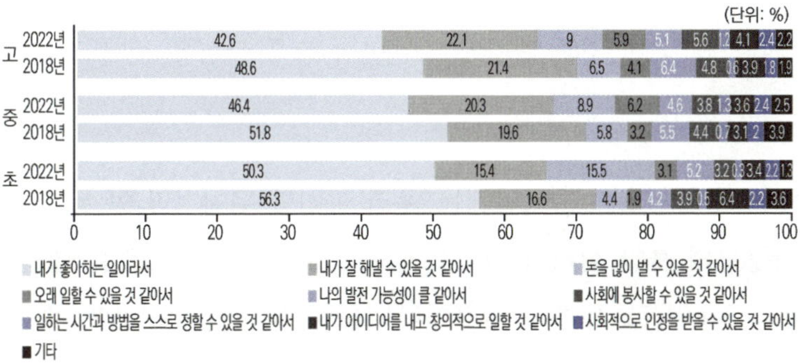

출처: 한국직업능력연구원 KRIVET ISSUE BRIEF No.270(2023.11.30.)

이는 단순한 개인의 성향이 아니라, 불안정한 사회 구조와 미래에 대한 불확실성이 반영된 결과다.
좋은 대학을 졸업해도 취업이 어렵고 대기업에 들어가도 조기 퇴직을 걱정해야 하는 사회에서, 의사는 비교적 안정적이며 높은 소득을 기대할 수 있는 직업이다. 실제로 OECD가 2023년 발표한 보건통계에 따르면, 한국의 월급을 받는 의사의 연간 소득은 약 2억 5,600만 원으로 통계를 제출한 28개국 중 가장 높았다. 이러한 경제적 매력은 의대 선호 현상을 더욱 부추기고 있다.

사교육은 학부모의 불안을 먹고 자란다

통계청 자료에 따르면 최근 5년간 초중고 사교육비 총액은 매년 사상 최고치를 경신하고 있다. 학령 인구는 줄고 있지만 사교육비는 오히려 늘고 있으며, 그중에서도 수학과 영어 과목에 가장 많은 비용을 지출하고 있다. 특히 소득 수준과 지역에 따른 사교육비 지출 격차가 커지면서 교육 불평등 문제도 심화되고 있다.

이러한 현상의 밑바탕에는 '우리 아이만 뒤처지면 안 된다'는 학부모의 불안 심리가 있다. 그리고 이 불안을 자극하는 데 능한 것이 바로 사교육 시장이다. '초등 의대반' '중1까지 수능 수학 완성' '의대 진학률 90%'와 같은 자극적인 마케팅 문구들이 넘쳐나며, 학부모들을 선행 학습 경쟁에 내몰고 있다. 최근에는 '4세 고시' '7세 고시'라는 표현까지 등장하면서 교육이 아닌 입시 경쟁이 아이들의 일상이 되어 가고 있다.

진로에 맞춘 개별화 교육이 강조되는 시대이지만, 현실은 오히려 그 흐름을 거스르고 있는 셈이다.

의대에 들어간 후, 과연 행복할까

의대에 진학한 학생들이 모두 만족스러운 삶을 살고 있을까? 교육부가 발표한 '2024학년도 의대 자퇴생 현황'에 따르면, 전국 40개 의대(의학전문대학원 포함)에서 113명이 자퇴했으며, 한 학교에서는 10명이 한꺼번에 자퇴하기도 했다. 일부는 의대 정원 확대에 반발해 자퇴했다고 알려졌지만, 많은 경우는 '다른 학교 진학'을 이유로 들었다.

이는 우리 사회에서 의대 진학이 진정한 진로 탐색의 결과라기보다는, 더 나은 취업 조건과 학벌을 위한 수단으로 변질되고 있다는 것을 보여준다. 더 나아가 지방 의대에서 서울 의대로 가기 위해 수능을 다시 치는 사례도 늘고 있다. 청춘의 소중한 2~3년을 입시 준비로 다시 보내야 하는 현실은 개인은 물론 국가적으로도 큰 손실이다.

우리는 무엇을 바꿔야 할까

* 우리 아이의 적성과 역량에 맞춘 진로 설정이 필요하다.

단지 높은 임금이나 사회적 지위 때문에 의대를 선택한다면, 그 직업에서 느끼는 만족감은 외적인 보상에만 의존할 수밖에 없다. 자신이 잘할 수 있고 좋아하는 일을 진로로 삼을 때 삶의 만족도는 높아진다. 부모는 아이가 그런 선택을 할 수 있도록 조력자가 되어야 한다.

* 성적 중심이 아닌 개성과 역량을 반영하는 입시 제도가 필요하다.

의사가 되기 위해 필요한 자질은 단지 성적뿐일까? 사람을 살피고 돌보는 공감 능력, 책임감, 윤리 의식도 중요한 요소다. 지금처럼 점수만으로 학과를 결정하는 입시 제도는 학생들의 다양성과 가능성을 억누른다. 개별적 잠재력을 볼 수 있는 평가 시스템이 강화되어야 한다.

* 하고 싶은 일을 존중받을 수 있는 사회 구조가 필요하다.

누구나 본인이 잘하고 하고 싶은 일을 선택할 수 있어야 한다. 그러나 현실은 직업 간 임금과 사회적 대우의 차이가 크기 때문에 진로 선택이 왜곡된다. 어떤 직업을 선택하더라도 임금과 대우에서 큰 차별이 없다면, 진로는 다양해지고 사회의 기능도 보다 균형 있게 작동할 수 있다. 이는 입시 경쟁 과열을 줄이고, 경제적 양극화 해소에도 도움이 될 것이다.

교육정책과 현실

바뀌는 것과 바뀌지 않는 것

고등학생이 된 딸의 입시 설명회에 참석했다. 그런데 설명회 내내 들리는 말들은 마치 외국어 같았다.

"인서울권 대학에 진학하려면 학종을 반드시 준비해야 합니다. 세특과 행특도 꼼꼼히 관리하셔야 하고요. 고교학점제가 시행되면서 이수 과목도 중요해졌습니다. 최초합을 하면 정말 좋겠지만 추합 기회도 있으니 끝까지 포기하시면 안 돼요."

학종, 세특, 행특, 추합… 익숙하지 않은 약어들이 쏟아졌고, 머릿속은 점점 복잡해졌다. 다른 학부모들은 다 이해하는 걸까 싶어 주변을 둘러보니, 다들 고개를 끄덕이며 집중하고 있었다.

쉬는 시간, 커피를 들고 조심스레 옆 학부모에게 말을 걸었다.

"저는 첫째 아이 입시 설명회에 와서 그런지 말씀하신 용어들이 너무 낯설어요. 다들 이해가 되시나요?"

"요즘 입시 제도가 너무 다양하잖아요. 서울권 대학 보내려면 생기부 챙기는 건 기본이에요. 대학별 입시 전형도 잘 공부하셔야 해요."

입시가 간소화되었다고 하지만 복잡한 용어들은 여전히 이해하기 어렵고 정책은 왜 이리도 자주 바뀌는지 한숨만 나왔다.

교육 제도, 왜 이토록 자주 바뀔까?

우리나라의 교육과정은 시대 흐름과 사회의 요구를 반영하며 끊임없이 바뀌어 왔다. 1954년 제1차 교육과정을 시작으로 약 5~10년 주기로 개정되었고 최근엔 2007, 2009, 2015, 2022 교육과정까지 이어지고 있다.
2007년부터는 전면 개정이 아닌 부분 개정이 이루어져서 교육과정이 고시된 해의 연도를 딴 명칭을 사용하고 있다.

지금까지 개정된 교육과정들은 저마다 시대적 요구나 변화하는 현실을 반영하고자 하였다. 예를 들어 2015 개정 교육과정은 문·이과 통합을 통해 창의융합형 인재 양성을 목표로 했고, 2022 개정 교육과정은 미래에 필요한 역량을 갖춘 자기주도형 인재를 키우는 것을 목표로 하고 있다.

새로운 교육과정이 개발되고 적용되는 과정에서 대입 제도 역시 개편된다.
이로 인해 학생과 학부모는 새로운 제도에 대한 정보를 빠르게 습득하고 그에 맞는 입시 전략을 세워야 한다는 불안감과 압박감을 느낄 수밖에 없다. 수시로 변하는 제도와 복잡해지는 입시 전형 속에서 학부모들은 불안감을 해소하기 위해 사교육 의존 비율을 늘리며 시간과 비용을 투자하기도 한다.

교육부와 대학의 괴리

이처럼 자주 바뀌는 정책 속에서도 바뀌지 않는 핵심이 있다면 우리나라 교육이 우수한 인재를 길러내고자 한다는 점이다. 그리고 그 과정에서 교육 기회의 평등과 공정성을 실현하고자 노력하고 있다는 점도 빼놓을 수 없다. 교육부는 영유아부터 고등학생에 이르기까지 모든 학생이 양질의 교육을 받을 수 있도록 지원하며, 개개인의 다양한 필요에 맞는 맞춤형 교육을 실현하고자 한다. 모두를 위한 맞춤 교육을 통해 출발선에서의 평등을 보장하고, 지역이나 계층, 개인 간 교육 격차를 줄이는 것에 중점을 두고 있는 것이다.

계속해서 바뀌는 대학 입시 제도와 전형 속에서도 변하지 않는 사실은 우리나라 대학들이 우수한 인재를 뽑고 싶어 한다는 것이다. 그런데 우수한 인재를 어떻게 알아챌 수 있을까?

과거에는 수능 시험을 잘 치는 학생을 우수한 인재로 보았다. 하지만 이제 대학은 창의융합적 사고력을 갖추고 자기주도적으로 문제를 해결할 수 있는 인재를 선호한다. 복잡하고 다양해진 입시 제도도 이러한 인재를 선발하고 싶은 대학의 입장을 반영한 것이라고 볼 수 있다.

그렇다면 학부모도 변화하는 입시 제도에 불안감을 갖거나 사교육에 의존할 것이 아니라 우리나라 교육이 길러내고자 하는 인재와 대학이 뽑고 싶어 하는 인재상을 잘 확인해서 내 아이를 교육할 수 있는 방향성이나 잣대를 만들어 나가야 하지 않을까?

바뀌는 것과 바뀌지 않는 것 사이에서 우리는 무엇을 해야 할까?

＊주요 정책 변화에 학부모도 참여하여 의견을 낸다.

교육부는 교육 정책을 만들 때 학생과 학부모의 이해와 요구를 반영하고자 노력한다. 온라인 소통 공간을 마련하고 설문 조사를 진행하며 교육청이나 학교 단위에서 정책 토론회나 공청회를 개최하여 다양한 의견을 수렴하고자 한다. 그러므로 주요 정책 변화 시 학부모들이 적극적으로 참여하여 의견을 내는 것은 교육 정책을 수정하고 변화시키는 데 큰 영향을 줄 수 있다.

＊입시 제도와 교육 방향의 본질을 바라보자.

우수한 인재를 길러내고 싶어 하는 교육부와 우수한 인재를 뽑고 싶어 하는 대학의 입장은 공감되는 측면이 있다. 학부모는 입시 제도의 변화만 좇기보다는 큰 흐름에서 방향성을 잡는 눈을 키워야 한다.

＊아이의 진로에 관심을 갖고 진로를 디자인하기 위해 노력한다.

지금의 교육과정과 정책 변화는 우리 사회가 앞으로 더 많이 발전하고 변화할 것을 예고하고 있다. 이러한 변화의 소용돌이 속에서 우리 아이들이 자신의 삶을 주체적이고 의미 있게 살아가려면 자신이 잘할 수 있고 좋아하는 일이 무엇인지 탐색하며 진로를 디자인해 나가는 과정이 필요하다. 이제는 변화에 휘둘리기보다, 변화의 방향을 읽는 눈을 길러야 할 때다.

부모의 정보력, 교육 격차의 시작점

'이 길이 맞는 걸까?' 밤을 지새운 부모의 고뇌

기타를 전공하고 싶다는 첫째, 한참이 지나서야 디자인을 하겠다고 말한 둘째.

두 아들의 진로 이야기를 처음 들었을 때 나는 곧장 복잡한 마음으로 현실을 마주해야 했다. 세상의 기준과는 조금은 비껴간 아이들의 선택을 응원하고 싶었지만, 동시에 이 길이 정말 괜찮을까 하는 걱정이 머릿속을 떠나지 않았다. 혼란 속에서 나는 관련 정보를 알아보기 위해 인터넷 창을 열었다. 교육청, 학교 홈페이지, 입학 요강, 블로그, 포럼, 학부모 커뮤니티까지 샅샅이 뒤졌다.

"기타 전공은 어떤 과를 가야 하지?"

"디자인은 어디서부터 준비해야 할까?"

"이걸 누가 좀 한눈에 정리해 주면 좋겠는데…"

답답함은 점점 깊어졌고, 정작 진짜 도움이 되는 정보는 어디에도 없었다. 정보를 찾는 일이 이토록 버거울 줄은 몰랐다.

그때 내가 맞닥뜨린 건 단순한 정보 부족이 아니라 정보의 단절이었다.
나는 그저 내 아이가 원하고 잘할 수 있는 길을 걸어가게 하고 싶었을 뿐인데, 부모라는 자리에서 그 작은 바람조차도 이렇게 많은 장벽을 넘어야 했다. 정보는 곧 기회였고, 그 기회를 어떻게든 놓치지 않기 위해 나는 밤을 새우고 또 새웠다.
이쯤 되면 누구든 지칠만했지만 나는 부모니까 멈출 수 없었다. 우리 아이에게 미래라는 이름의 문을 열어주는 사람이, 지금은 나밖에 없다는 생각 때문이었다.

정보는 나누어질 때 힘이 된다

두 아들 모두 진로와 진학이라는 긴 터널을 지나 이제는 자기 길을 나름대로 잘 만들어가고 있다. 수많은 갈림길 끝에, 각자의 자리를 찾아 무사히 도착한 것만으로도 나는 충분히 감사하다.
하지만 학부모로서 겪었던 그 지난한 정보 탐색의 시간은 쉽게 잊히지 않는다. 나와 같은 불안과 고립 속에서 힘들어하고 있을 수많은 학부모들을 생각하면 마음이 무거워졌고, 우리 아이들이 졸업했으니 이제 잊자고 생각하고 싶지 않았다.
나처럼 밤마다 검색창을 뒤지고 어디에 물어야 할지 몰라 망설이며, 아이의 선택을 믿고 따라야 할지 고민하는 대한민국의 학부모들. 그들을 떠올리며 나는 내가 겪었던 어려움과 찾았던 정보, 깨달은 점들을 조금씩 정리해서 공유하기 시작했다. 그것이 같은 시간을 지나온 내가 지금 할 수 있는 일이라고 믿었다.

내 블로그에는 영재고, 과학고, 외국어고, 국제고, 예술고, 마이스터고, 특성화고 등 다소 일반적이지 않은 고등학교들에 대한 정보를 포스팅하고 있다. 특별한 진로를 고민하는 아이들과 그 부모들에게 단 한 줄의 문장이라도 도움이 되기를 바라며, 누군가에게 정보의 다리가 되어주고자 자료를 정리한다. 정보의 빈틈이 아이의 가능성을 막는 벽이 되어서는 안 된다. 우리 사회는 아직도 정보의 양과 질에 따라 아이의 선택지가 결정되는 구조 안에 있다. 부모의 정보력은 때로 그 격차를 고스란히 아이에게 전가시키기도 한다.
그래서 나는 오늘도 블로그에 글을 올린다. 누군가에게는 작고 사소한 일이겠지만, 누군가에게는 절박한 한 조각이 될지도 모르기 때문이다.

정보력이 특히 중요한 선택지① : 과학고

부모의 정보력은 단지 '알고 있는 것'이 아니라, 자녀의 삶에 실질적인 기회를 만들어주는 능력이다. 부모가 정보를 알고 있느냐 없느냐가 결정적인 차이를 만드는 학교 중 과학고등학교와 마이스터고등학교에 대해 간단히 알아보자.

과학고등학교는 수학과 과학에 대한 높은 관심과 재능 있는 학생들을 위한 특수 목적 고등학교다. 총 20개가 있으며 전기 모집 고등학교로 분류되고 광역단위로 학생을 선발한다. 일반고보다 심화된 과학과 수학 교육을 제공하고, KAIST, POSTECH 등 이공계 특성화 대학으로의 진학률이 높은 편이다. 과학고 진학을 위해서는 단순히 성적만이 아닌 자기주도 학습 능력, 과학 및 수학 분야의 탐구 활동과 연구 경험, 면접 준비까지 체계적인 준비가 필요하다.

지원 시기: 일반고등학교보다 빠른 8월~9월 초 원서 접수
전형 방법: 2~3단계 학교별 상이. 서류평가(내신성적, 학생부, 자기소개서, 추천서), 면담, 구술면접
구술 면접: 수학, 과학 문제 해결 능력뿐만 아니라 창의적 사고력과 논리적 사고력 평가
참고 사항: 학교마다 다소 차이는 있지만 중복 지원 금지 등 지원 제한 정책이 있으므로 신중한 선택을 해야 한다. 영재교육원 수료, 과학 경시대회 참가, 연구 프로젝트 수행 등이 입학에 도움을 줄 수 있다.

정보력이 특히 중요한 선택지② : 마이스터고

마이스터고등학교는 현장 중심의 기술 인재 양성을 목표로 하는 특수 목적 고등학교로, 일반고와는 진로 방향이 확연히 다르다. 산업 맞춤형 교육을 통해 반도체, 로봇, 바이오 등 첨단 산업 분야에 필요한 전문 인력을 양성하고, 높은 취업률을 자랑하며 졸업 후 대기업이나 공공기관에 취업하는 사례도 많다.

지원 시기: 일반고등학교보다 빠른 10월에 원서 접수
전형 방법: 내신 성적, 면접
경쟁률: 인기 학교의 경우 5:1 이상
참고 사항: 대학 진학 희망 시 학생부 종합 전형이나 일정 기간 취업 후 재직자 전형 등을 통해 4년제 대학에 진학할 수 있다. 보다 구체적인 정보가 궁금하다면 특성화고·마이스터고 포털인 '하이파이브(www.hifive.go.kr)'에 방문하길 추천한다.

마이스터고는 흔히 '비주류 선택'처럼 보이지만, 정보력 있는 부모는 오히려 자녀의 재능을 현실로 연결할 수 있는 아주 중요한 기회로 바라본다. 결국, 부모가 얼마나 정확한 정보를 알고 있는가가 자녀의 미래 가능성을 열어주는 열쇠가 된다.

정보를 찾는 부모가, 아이의 길을 바꾼다

결국, 교육에서 가장 결정적인 차이는 부모의 정보력에서 시작된다. 부모의 정보력은 아이가 스스로의 가능성을 펼칠 수 있도록 돕는 가장 실질적인 지원이다. 어떤 길을 선택하든, 부모가 그 길을 제대로 알고 함께 고민할 수 있다면, 그 자체로 아이는 이미 강력한 동반자를 얻은 셈이다.

나는 지금도 여전히 새로운 정보를 찾아 정리하고, 글을 쓰고, 블로그에 올린다. 내 아이는 졸업했지만, 아직도 수많은 아이들이 어떤 길을 가야 할지 고민하고 있고, 그 옆에 있는 부모들은 어제의 나처럼 막막할 것이다.

그래서 나는 말하고 싶다.

"부모의 정보력은 자녀의 기회를 만든다."

학교가 다 해주지 않는다. 담임 선생님도 모를 수 있다. 그렇기에 부모가 직접 정보를 찾고, 질문하고, 비교하고, 확인해야 한다. 물론 쉽지 않다. 그러나 그 시간은 결코 헛되지 않는다. 내가 경험했고 나는 그 결과를 보았다.

부모의 정보력은 아이의 진로를 결정짓는 중요한 기점이 된다.

정보가 곧 힘이다. 그리고 그 힘은 나눌 때 진짜 가치가 생긴다.

나만 알고 있는 정보는 또 다른 격차가 되지만, 내가 가진 것을 나누면, 그것은 누군가의 시작점이 되고, 누군가의 기회가 된다.

이제는 혼자 끙끙대지 말자.

우리 함께 정보를 모으고, 나누고, 연결하자.
물어보는 사람, 찾아보는 사람, 그리고 언젠가는 나눠주는 사람이 되자.
그것이 부모로서 우리가 할 수 있는 가장 현실적인 연대다.

마음 한 칸, 생각 메모

마음이 들려주는 이야기를 남겨 보세요.

우울감과 패배감을 불러온 교육

고등학교 2학년 아들을 둔 지민 씨는 중간고사 이후 담임 선생님으로부터 충격적인 소식을 들었다.

"어머님, 민준이가 이번 중간고사에서 부정행위를 해 0점 처리되었습니다."

아이가 성실하게 공부하며 점차 성적이 오르던 터라 그런 행동은 상상도 못했던 지민 씨는 놀란 마음을 안고 학교를 찾았다. 그런데 더 충격적인 사실이 있었다. 1학년 시절의 우수한 성적표는 아이가 숫자를 조작해 만든 것이었다.

아이를 불러 이유를 묻자 고개를 떨구며 말했다.

"과외도 받고 학원도 다녔는데 성적이 오르지 않았어요. 엄마가 실망할까 봐 성적표를 속였고, 나중에 성적을 올리면 괜찮을 거라 생각했어요. 그런데 아무리 해도 성적이 안 오르니까 이번엔 유혹을 이기지 못했어요."

지민 씨는 하나뿐인 아들이 어떻게 이 지경에 이르렀는지, 그동안 자신은 부모로서 무엇을 했는지 반성하게 되었다. 그리고 이제 무엇을 해야 할지 막막해졌다.

경쟁 중심 교육이 만든 아이들의 우울감

한국의 교육열이 높다는 것은 누구나 알고 있다. 사교육 시장은 거대하고 많은 부모가 자녀를 명문대에 보내기 위해 시간과 비용을 아끼지 않는다. 특히 의대, 로스쿨 등 전문직 진학에 대한 열망은 더욱 강하다.
이러한 구조 속에서 아이들은 어린 시절부터 과중한 학습량에 시달리며, 성적에 대한 압박을 안고 살아간다. 그 결과 국제적인 학업 성취도는 높지만, 학습에 대한 흥미나 자신감은 낮고 삶의 만족도는 최하위권이다. 최근 청소년 우울증과 자살률 통계는 이러한 현실을 극명하게 보여준다.
요즘 고등학생들은 내신, 학생부, 수능이라는 입시 삼각 트라이앵글 속에서 쉼 없이 달린다. 경쟁은 친구까지 적으로 만든다. 라포르를 쌓던 친구가 시험 기간에는 내가 이겨야 할 상대가 된다. 내신 경쟁에 대한 불안으로 고카페인 음료나 집중력 향상 약물에 의존하는 학생도 있다.

상대평가와 줄 세우기식 평가 체제는 학생들의 가치를 등급으로 매기기 때문에 성적이 낮을 경우 자신이 패배자가 되었다는 허탈감을 느낄 수밖에 없다.

불공정한 구조가 심화시키는 패배감

한때 자녀를 명문대에 보내려면 엄마의 정보력, 아빠의 무관심, 할아버지의 경제력이 필요하다는 말이 유행했다. 농담 같지만 그 안에는 우리 사회의 현실이 담겨 있다. 자녀를 의대나 명문대로 진학시키기 위해 입시 컨설턴트를 고용해 수단과 방법을 가리지 않는 부모의 모습을 보여준 드라마는 과장된 면이 있긴 했지만 현실을 반영해 많은 공감을 불러일으켰다.
여전히 우리 사회에는 부모의 경제력이 높거나 좋은 학군의 학교에 진학해야 좋은 대학에 입학할 수 있을 것이라는 고정관념이 있다. 실제로 강남의 한 고교 교사가 자녀에게 시험 정보를 유출해 징역형을 받은 사건, 고위 공직자의 자녀가 표창장을 조작해 대학에 입학한 사건은 입시의 공정성을 무너뜨렸다.

이러한 일련의 사건 속에서 학생들이 느끼는 감정은 분노보다는 패배감이다. 입시 비리 사건을 보며 정의와 공정을 생각하는 것이 아니라
"왜 나는 정보력 있는 엄마가 없을까?"
"왜 우리 집은 경제력이 없을까?"라며 좌절한다.
이 사회의 구조가 아이들의 자존감과 가치관까지 갉아먹고 있는 셈이다.

우울감과 패배감에 휩싸인 아이들을 위해 우리가 해야 할 일

* 배움의 즐거움을 느낄 수 있는 수업과 평가 구조를 만든다.

교육의 목적은 학생을 줄 세우는 것이 아니라, 각자의 성장 가능성을 키우는 데 있다. 그러나 현재의 상대평가 중심의 시스템은 학생의 자발적 동기보다는 비교와 압박을 불러일으킨다. 수업과 평가 방식이 선발과 변별을 위한 도구가 아닌, 배움 자체의 즐거움을 줄 수 있도록 개선되어야 한다.

* 성적이 아닌 학습의 과정에 집중하는 대화를 나누자.

학부모는 자녀의 성적표에 담긴 단순한 점수나 결과에 집착하지 않고 자녀가 진정한 의미의 배움을 경험할 수 있도록 대화를 이끌어야 한다. 자녀가 이룬 성과를 칭찬해 주는 것도 중요하지만, 자녀가 학습 과정에서 느낀 어려움에 공감하고 그 어려움을 극복할 수 있도록 도움을 줄 수 있어야 한다.

* 실패를 허용하는 환경을 만들자.

내신 시험 한 번이 입시에 큰 영향을 미치기 때문에 자녀들은 실패나 실수를 두려워하고 압박감을 느낀다. 이럴 때 학부모가 실패나 실수에 대해 열린 자세를 보이며 다음에는 더 잘할 수 있도록 독려하는 자세가 필요하다.

입시만이 답이 아닐 수 있다면

아이의 관심사는 열정이 되었고 꿈이 되었다

교육 일번지 '평촌'에 사는 성민이는 어느덧 중학생이 되었다. 어느 날 학교에서 진행된 특강 프로그램 중 하나인 요리 수업에 참여하게 되었다. 당시 '먹방' '간단한 요리법' 같은 유튜브 콘텐츠가 유행하면서 남학생들 사이에서도 요리에 대한 관심이 높아지고 있었고, 이 수업에도 많은 남학생들이 참여했다. 수업을 듣고 난 후 성민이는 요리에 큰 흥미를 느꼈다. 그리고 어느 날, 수업을 마친 아이가 조심스럽게 다가왔다.

"저 요리학원 다녀도 될까요?"

잠시 놀랐다. 평소 공부에 집중하던 아이라 요리는 그냥 잠깐의 흥미일 거라고 생각했기 때문이다.

"갑자기? 요리에 관심이 더 많아졌어?"

"네. 절대 성적은 떨어뜨리지 않겠다고 약속할게요. 진짜예요."

그렇게 성민이는 매주 토요일 요리 학원에 다니기 시작했고, 시간이 지날수록 그 열정은 점점 커졌다. 자신이 만든 요리를 집에 가져오고, 좋아하는 요리 프로그램을 즐겨 보며 요리에 몰입했다.
고등학교 진학 시기가 되었을 때, 그는 여전히 우수한 성적을 유지하고 있었다. 성적 우수 장학금을 받으며 일반고에 진학할 수 있는 조건이 되었지만, 아이는 '요리 특성화고등학교' 진학을 원했다. 처음엔 반대했지만 아이의 일관된 태도와 요리학원 원장님의 설득, 그리고 그동안 보여준 성실함에 마음을 바꾸게 되었다.
결국 성민이는 특성화고에 진학했고 그 선택이 옳았음을 모두에게 증명했다. 대학도 한 번에 호텔조리학과로 진학했으며 현재는 학교의 지원을 받아 해외에서 요리를 배우고 있다. 아직 졸업을 하지는 않았지만 해외 유학 기회를 잡을 정도의 실력을 쌓았다면 대단한 재능 아닌가.

이 이야기는 우리에게 말해준다. 모든 아이가 똑같은 길을 걸을 필요는 없다고. 성적이 좋다고 무조건 일반고에 진학하여 국·영·수를 공부하는 것만이 정답일 수는 없다고. 자신이 진짜 좋아하고 잘할 수 있는 일을 찾아 그 길을 흔들림 없이 걸어간다면 그 자체가 정답이 될 수 있다.
우리는 아이들이 진심으로 빛날 수 있는 무대를 더 넓게 바라봐야 한다. 성민이는 자신이 좋아하고 잘할 수 있는 분야를 스스로 선택했고 그 길에서 의미 있는 성장을 이어갔다.
성민이가 진학했던 고등학교는 '특성화고등학교'였다. 앞에서 소개했던 '마이스터고등학교'와는 설립 취지에서 차이가 있다.

특성화고등학교란?

'초·중등교육법 시행령 제91조'에 따르면, 교육감은 소질과 적성, 능력이 유사한 학생들을 대상으로 특정 분야의 인재를 양성하는 고등학교를 지정할 수 있다. 과거에는 '실업계 고등학교'로 불렸던 특성화고는 아직도 일부 어른 세대에게는 선입견이 남아 있다. 그러나 오늘날의 특성화고는 전혀 다르다. 대부분 평준화 정책의 적용을 받지 않기 때문에 내신 성적으로 선발하며, 일부는 면접도 실시한다. 일반고가 큰 노력 없이도 진학 가능한 구조인 것과 달리, 상위권 특성화고에 진학하려면 내신 상위 20% 이내의 우수한 성적이 요구된다.
현실적으로도 특성화고에서 우수한 성적과 태도를 인정받으면, 인문계 4년제 대학 졸업자보다 더 나은 진로를 개척하기도 한다. 실제로 대기업, 공기업, 금융권, 공무원 등 다양한 직업군에서 25세 이후에는 인문계 졸업자와 비슷하거나 더 높은 초봉을 받는다는 통계도 있다(출처: 워크넷).
단, 특성화고에 진학한 이후에 자신이 선택한 계열에 맞는 전문적인 공부와 관련 자격증 취득은 필수이다.

특성화고는 공업, 농생명, 상업정보, 수산해운, 가사실업, 예술, 애니메이션 등 다양한 계열로 운영되며, 학생의 흥미와 적성에 따라 진로를 설계할 수 있는 폭이 넓다.

사회 진출에는 다양한 방법이 있다

입시만이 사회 진출의 유일한 길은 아니다. 대학 진학 외에도 다양한 경로로 사회에 진입할 수 있다.
예를 들어, 기술 습득 및 자격증 취득(요리, 바리스타, 뷰티, IT 등), 인턴십 및 현장 경험(중소기업, 스타트업 등), 공공기관 취업 또는 군 입대 후 경로 전환, 콘텐츠 크리에이터 활동(유튜브, 블로그 등), 이 외에도 예술, 창업, 스포츠, 해외 유학, 봉사활동 등을 통해 자신의 가능성을 펼칠 수 있다.
분야별로 살펴보면 다음과 같다.

예술 분야: 연극, 음악, 미술 등 문화 행사 참여, KT&G 상상마당과 같은 후원 기관 활용
기술 분야: 창의성과 실용성을 바탕으로 한 기술 개발. KAIST, NYU와 협력한 글로벌 연구 캠퍼스 운영 등
창업 분야: 고려대 경영대 스타트업 연구소, 정부의 창업 지원 프로그램 등 활용
스포츠 분야: 운동선수 외에도 스포츠트레이너, 레저 전문가 등 다양한 직종 존재. 대한체육회 진로지원센터 활용
특정 기술 분야: 마이스터고 및 특성화고 진학, 공군항공과학고 졸업 후 부사관 임관, 국비유학, 직업훈련, 직업계 고교 전용 장학금 등 활용 가능

학력보다는 실력, 꿈을 향한 끊임없는 노력이 답이다

입시를 거치지 않더라도 사회에 진출하여 성공할 수 있다. 학력보다는 실력과 경험이 중요해지는 사회다. BMW 코리아 김효준 대표는 대학을 나오지 않았지만 덕수상고 졸업 후 실력으로 금융과 경영 분야에서 인정받아 대표가 되었다. 재심 전문 박준영 변호사는 고교 자퇴 후 사법고시로 변호사가 되었고, 억울한 사람들을 위한 재심 사건을 맡아 사회적 영향력을 키웠다. 스타 셰프 최현석은 유학 없이 국내에서 실력을 쌓아 유명 셰프로 자리 잡았다.

이들은 모두 입시를 통하지 않았지만, 자신의 분야에서 성공을 이뤘다.
결국 중요한 것은 학력이 아니라, 열정과 끊임없는 노력이라는 것을 우리는 보고 있다.
우리 아이들이 자기만의 길을 찾고, 그것을 믿고 끝까지 걸어갈 수 있도록 부모인 우리가 먼저 다양한 가능성을 열어주어야 한다.

우리 사회는 정말 교육을 고민하고 있을까?

입시 경쟁의 민낯 '고통받는 아이들'

이른바 '대치 키즈'로 불리는 두 유튜버의 고백 영상이 큰 반향을 일으켰다. 그들은 치열한 입시 경쟁 속에서 성장하며 매일같이 울었고, 우울증이 극심해져 공부조차 제대로 할 수 없었다고 한다. 심지어 극단적인 선택 충동까지 느꼈다고 고백하여 충격을 주었다. 더 안타까운 점은 그러한 정신적 고통이 성인이 된 후에도 이어졌고, 정신과 치료와 자해 시도로까지 이어졌다는 점이다. 이 영상은 수많은 사람의 공감을 불러일으켰다. 우리나라 입시 제도는 지난 20여 년간 수차례 개편되었지만, 경쟁과 서열화 중심의 교육 문화는 여전히 우리 아이들의 삶을 옥죄고 있다.

본질을 놓친 교육

2023년 아동실태조사에 따르면 평상시 스트레스를 느낀다고 응답한 아동 중 64.3%가 숙제나 시험을 스트레스 원인으로 꼽았으며, 34.0%는 성적 때문에 부모에게 받는 스트레스를 호소했다. 이는 2018년과 유사하거나 오히려 높아진 수치로 학업 스트레스가 아동의 심리 건강에 지속적으로 악영향을 미치고 있음을 보여준다. 더 우려되는 것은 정신 건강 지표의 악화다. '지난 1년간 자살을 심각하게 고민한 적 있다'고 응답한 아동이 2.0%에 달했으며, 이는 2018년 대비 0.7% 증가한 수치다. 이 중 학교 성적을 그 이유로 꼽은 비율이 17.6%에 이른다. 이는 교육 환경이 일부 아이들에게 생존을 위협하는 수준의 스트레스를 유발하고 있다는 것을 시사한다.

이처럼 우리 사회에 만연해 있는 경쟁 중심의 교육 시스템은 학생의 전인적 성장을 방해한다. 대학 서열화로 인한 과열된 입시 경쟁은 획일적인 학습을 유도하고, 학생의 흥미나 적성보다는 성적 중심의 사고방식을 강화한다. 교육이 자아실현의 도구가 아니라 사회적 성공을 위한 수단으로만 여겨지는 현실은 여전히 유효하다. 우리 사회는 교육의 외형적인 틀을 바꾸는 데만 집중할 뿐, 아이들의 건강한 성장과 미래 역량, 교육 시스템의 본질에 대한 진지한 고민은 여전히 부족한 실정이다. 교육은 단순한 지식 전달이 아니라, 사회 전체의 가치관과 구조를 비추는 거울이라는 사실을 잊어서는 안 된다.

희망을 말하는 교육정책, 희생이 따르는 현실

최근 개정된 교육과정은 학생의 자기주도적 학습과 미래 역량 강화를 지향하고 있다. 창의적 사고, 문제 해결력 함양 등 긍정적인 방향성을 제시하지만, 실제 대학 입시와 맞물리면서 현실과 이상 사이의 괴리가 나타난다. 교육과정은 학생 개별 성장과 활동 중심 평가를 강조하지만, 현실의 입시는 여전히 수능 점수와 내신 등급이라는 정량적 지표의 영향력이 크다. 학생부 종합 전형과 같은 정성 평가 요소도 있지만 그 운영은 형식적이거나 기준의 투명성이 부족하다는 비판이 존재한다.

학교 간 여건 차이로 인해 개정 교육과정이 강조하는 탐구 활동이나 과정 중심 평가는 질적으로 큰 차이를 보이기도 한다. 교사의 전문성, 학교의 예산과 인프라가 상이한 현실 속에서 공교육은 일관된 교육을 제공하기 어렵고, 그 부족한 부분을 사교육이 메우는 악순환이 반복된다.
평가 방식의 불확실성 또한 문제다. 서술형, 논술형 평가의 도입은 긍정적이지만, 평가 기준과 평가자의 일관성이 확보되지 않으면 오히려 불신과 불안을 키운다. 어떤 활동이 입시에 유리하게 작용할지 명확하지 않아, 학생과 학부모는 또 다른 불확실성 속에서 경쟁하게 된다.
잦은 교육과정 개정도 현장에 혼란을 준다. 변화에 적응하는 사이 학생과 교사는 예측 불가능한 입시 환경에 놓이게 되고, 장기적 학습 계획을 세우기 어렵게 만든다. 과정 중심 교육이

스펙 쌓기로 변질되면서, 본질보다 형식에 집중하는 경쟁이 벌어지기도 한다.

결론적으로, 개정 교육과정이 지향하는 이상은 의미 있지만 그것이 입시라는 현실과 조화를 이루지 못하면 그 제도는 쉽게 왜곡된다. 학생의 진정한 성장과 대입 성공을 동시에 지원하려면 교육과정과 입시 제도의 유기적 연결, 학교 현장에 대한 지원, 평가 방식의 투명성이 필수적이다.

교육의 본질을 찾기 위한 우리의 노력

교육의 목적은 아이들의 행복한 성장과 잠재력의 실현이어야 한다. 그러나 현재는 입시와 성적이라는 외형적 결과에 집착하며, 아이들의 심리와 인격이 병들고 있다. 이 문제는 제도 자체뿐 아니라 교육을 바라보는 우리 사회의 시각과 가치관에서 비롯된다. 아이들의 고통, 사교육 과열, 경쟁 중심 문화, 미래 대비 부족 등은 무관심이 아닌 잘못된 관심의 산물이다. 따라서 단순한 제도 개선이 아닌 사회 전체의 인식 전환과 구조 개혁이 병행되어야 한다.

먼저 교육의 목적을 성적이 아닌 아이들의 행복과 성장에 둬야 한다. 입시 제도를 심리적 안정과 전인적 발달을 지원하는 방향으로 재설계하고, 줄 세우기 평가에서 벗어나 다양한 재능과 잠재력을 존중하는 평가로 바뀌어야 한다.

그다음 공교육에 대한 사회적 투자와 신뢰가 필요하다. 모든 지역, 모든 계층의 아이들이 질 높은 교육과 정서적 지원을 받을 수 있도록 예산과 인력을 확충하고, 학교 문화를 개선해야 한다. 사교육 없이도 충분히 학업과 미래 준비가 가능하다는 인식을 퍼뜨려야 한다.

마지막으로 다양한 삶의 가치를 존중하는 사회적 문화를 조성해야 한다. 학벌만이 성공의 기준이라는 인식을 깨고 예술, 기술, 봉사 등 다양한 영역에서 의미 있는 삶을 살아가는 사람들의 이야기를 조명해야 한다.

이러한 변화는 교육을 입시 도구가 아닌 성장의 발판으로 인식할 때 비로소 가능하다.

"우리 사회는 정말 교육을 고민하고 있을까?"라는 질문에 우리는 이제 명확하게 답해야 한다. 아이들의 목소리에 귀 기울이고, 그들의 눈높이에서 교육을 다시 설계하려는 진지한 노력이 필요하다.

마음 한 칸, 생각 메모

마음이 들려주는 이야기를 남겨 보세요.

우리나라 교육 현실

바뀌어야 하는 것 VS 바꿀 수 없는 것

어떤 고등학교를 가야 할까?

아이가 고등학교 원서를 쓰던 날, 우리 가족 모두는 아이의 선택을 지지했다. 그러나 그 순간 내 마음속에는 설명하기 어려운 불안이 스며들었다. 오랜 시간 아이의 흥미와 적성을 찾아 함께 고민하고 다양한 경험을 쌓아왔지만, 결국 '어느 고등학교가 대입에 더 유리할까?'라는 질문 앞에서 나도 흔들리고 있었다. 입시 전문가로서 수많은 학부모들에게 아이의 적성과 흥미를 최우선에 두어야 한다고 이야기했지만, 내 아이의 진로 앞에서는 대한민국 교육 시스템이 주는 압박감에서 나 역시 자유로울 수 없었다.

한국 교육에 대한 사회적 인식

우리나라 교육은 오랫동안 대학 입시에 과도하게 집중되어

왔다. 입시지옥이라는 말이 상징하듯 이는 극심한 경쟁과 사교육 의존을 불러왔다. 한국교육개발원(KEDI)이 성인 5천 명을 대상으로 실시한 교육현안 인식조사에 따르면, 한국 교육의 가장 큰 문제로 '대입 경쟁 과열과 사교육비 증가'(41.3%)와 '과도한 학벌주의'(41.2%)가 꼽혔다. 이는 교육이 입시 중심, 학벌 중심 구조에 갇혀 있다는 사실을 분명히 보여준다.

'지역 · 소득 간 교육격차 심화'(28.1%) 또한 주요한 문제로 지적되었다. 부모의 경제력과 정보력, 거주 지역에 따라 자녀의 교육 기회가 좌우되는 현실은 계층 간 이동을 더욱 어렵게 만들고 있다. 전반적인 교육 만족도는 5점 만점에 2.82점에 불과했다. 유아 및 초등 교육은 상대적으로 만족도가 높았지만, 고등학교(2.71점)와 대학 교육(2.72점)에 대한 평가는 낮았다. 이는 치열한 입시 경쟁이 집중되는 시기의 교육에 대한 국민들의 실망을 반영한다.

반면, 국민들이 바라는 미래 학교의 모습으로는 '공동체 속에서 배려와 존중을 배울 수 있는 곳'(52.1%)이 가장 많이 꼽혔고, 갖춰야 할 역량으로는 '공동체 역량'(43.2%)이 강조되었다. 이는 단순한 성적 경쟁을 넘어 함께 살아가는 법을 가르치는 교육으로의 전환을 바라는 국민적 열망을 보여준다.

바뀌어야 하는 것과 바꿀 수 없는 것

교육 시스템을 자세히 들여다보면 완전히 바꾸기 어려운 것과 반드시 바뀌어야 할 것이 존재한다. 바꿀 수 없는 것은 부모가 자녀에게 더 나은 미래를 바라는 마음, 개인의 노력에 따라 기회를 얻는 경쟁 원리, 그리고 고등교육을 위한 일정한 선발 구조다. 이는 사회 운영의 근본이기 때문에 완전히 없앨 수는 없다. 문제는 이러한 요소들이 왜곡되어 과도하게 나타난다는 점이다. 지나친 입시 경쟁과 사교육 의존, 천문학적인 사교육비, 뿌리 깊은 학벌주의는 교육의 본질을 흐리고 있다. 지식 암기 위주의 획일적인 평가 방식은 학생들의 다양성과 창의성을 억누르며, 부모의 사회경제적 배경이 자녀의 교육 수준을 결정짓는 구조는 불평등을 고착화시킨다. 교육은 더 이상 계층 상승의 사다리가 아닌 불평등을 대물림하는 통로가 되어가고 있다. 지금의 교육 현실은 국민들이 바라는 공동체적 학교, 함께 사는 힘을 기르는 교육과는 괴리되어 있다.

이는 우리 사회가 반드시 바꾸어야 할 핵심 과제다.

우리가 바꿀 수 있는 것들

그렇다면 우리는 무엇을 바꿀 수 있을까?

바꿀 수 없는 현실 앞에 주저앉기보다 바꿀 수 있는 것에 집중해야 한다.

* 학부모의 역할이 바뀌어야 한다.

정보 수집에만 매달릴 것이 아니라, 자녀의 정서적 안정과 전인적 성장을 우선시해야 한다. 결과보다는 과정을 격려하고 실패를 성장의 기회로 받아들이며, 자녀가 스스로 학습의 주체가 되도록 돕는 코치형 부모로 변화해야 한다. 부모의 정보력보다 더 중요한 것은 아이에 대한 깊은 이해와 지지다.

* 교육 시스템의 근본적 변화가 필요하다.

단순한 제도 개편을 넘어 교육 현장의 문화와 교사의 역량 강화가 중심이 되어야 한다. 획일적인 평가 방식을 탈피해 학생의 다양한 잠재력을 살필 수 있는 평가 방식을 도입하고, 교육 격차 해소를 위한 공교육의 내실화를 실현해야 한다. 대학 진학 외 다양한 진로를 존중하는 사회적 분위기도 함께 조성되어야 한다.

* 사회의 인식 전환이 요구된다.

학벌 중심의 가치관에서 벗어나 개인의 다양성과 삶의 질을 중요시하는 사회 분위기가 필요하다. 교육 격차는 특정 계층만의 문제가 아니라, 사회 전체의 지속 가능성을 위협하는 구조적 문제임을 인식해야 한다. 이를 위해 사교육비 절감과 학벌주의 해체를 위한 정책과 캠페인이 병행되어야 한다.

우리 사회의 교육은 여전히 풀어야 할 과제가 많다. 하지만 학부모, 교사, 정책 입안자, 시민 모두가 바뀌어야 할 것에 대해 명확한 인식을 가지고 각자의 자리에서 실천을 시작한다면 아이들은 조금 더 가벼운 마음으로 미래를 준비할 수 있을 것이다. 교육은 결국 아이들의 삶을 위한 것이어야 하며, 우리가 그 본질을 지키기 위한 노력을 멈추지 않을 때 비로소 바꿀 수 없는 것조차 조금씩 바뀌기 시작할 것이다.

마음 한 칸, 생각 메모

마음이 들려주는 이야기를 남겨 보세요.

제 4 장

내 아이, 대한(大韓)과 대한민국 교육

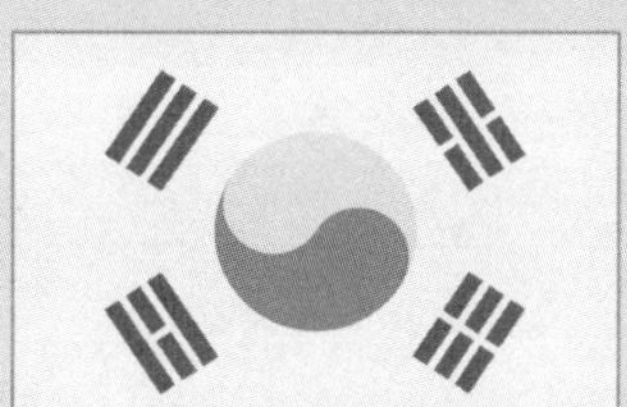

내 아이, 대한(大韓)과 대한민국 교육

「내 아이만 잘되면」의 함정

'왜 그때 기타였어?' 아이의 선택에 담긴 목소리

"엄마가 궁금해서 그러는데, 왜 그때 기타를 선택했어?"
늦은 저녁, 식탁에 마주 앉아 대학생이 된 아들에게 엄마는 가볍게 묻는다. 지나간 이야기를 다시 꺼내는 데는 약간의 망설임이 있었지만, 궁금증은 결국 질문이 되었다. 아들은 고개를 살짝 숙이며 멋쩍게 웃었다.
"그때 그냥, 공부하라는 말이 너무 싫었어. 내가 뭘 직접 선택해 보고 노력해 보고 싶었던 것 같아. 기타가 정말 하고 싶었다기보다는… 그냥 공부 말고도 다른 길이 있다는 걸 보여주고 싶었어."
그 말을 듣는 순간 머릿속에 한 장면이 스쳐 지나갔다. 중학교 2학년이던 아들이 갑자기 "음악을 하겠다"고 했을 때, 놀람과 불안이 뒤섞인 복잡한 감정. 기타를 배우고 싶다고 고집을 부릴 때 머릿속엔 이런 생각이 떠올랐다.
'이 중요한 시기에 음악이라니… 사춘기의 반항이겠지.'

결국 담임 선생님에게 아이를 설득해 달라고 부탁하고 학원 원장님께는 성적이 떨어지지 않는 조건으로만 등록을 허락해 달라고 당부했다. 겉으로는 존중하는 척했지만 말과 행동은 사실상 이런 메시지를 담고 있었다.

"공부가 우선이야. 네 선택은 일시적이고 불안해."

하지만 아이는 달랐다. 기타를 선택했지만, 공부를 놓지 않았다. 오히려 시간을 더 치열하게 쪼개 쓰며 연습과 공부를 병행했고, 결국 예술고등학교에 진학해 예술대학에 입학했다. 지금은 자신만의 음악 세계를 만들어가며 조금씩 나아가고 있다.

그 여정을 돌이켜보며 작가는 자문한다.

"나는 그때 아이의 가능성을 본 것일까, 아니면 내 불안을 아이에게 덮어씌운 것일까?"

'내 아이만 잘되면'이라는 말이 품은 그림자

부모라면 누구나 내 아이만은 잘되기를 바란다.

이 바람은 사랑에서 비롯되지만, 어느 순간 무게가 되어 아이의 어깨를 짓누른다. 부모의 바람이 아이의 욕구보다 앞설 때, 행복하게 살면 좋겠다는 마음은 반드시 성공해야 한다는 압박으로 바뀐다. 그 결과 아이는 성적에 민감해지고 실패를 두려워하게 된다.

심리학자 칼 로저스는 이렇게 말한다.

"조건적 사랑은 아이의 자기개념을 왜곡시킨다."
아이들은 사랑받기 위해 성과를 내야 한다고 믿게 되고, 그 믿음은 불안과 자기 검열로 이어진다. 실패는 곧 사랑을 잃는 위협처럼 느껴지며, 아이는 자기 자신이 아닌 부모가 원하는 모습이 되기 위해 애쓴다.
서울대학교 교육연구소의 연구(2022년)에서는 높은 성취 압박을 받은 청소년일수록 또래 간 신뢰와 협력 지수가 낮았다고 발표했다. 경쟁 중심의 교육 문화는 아이들에게 친구는 동료가 아닌 상대로 각인되게 만든다. 이기지 않으면 도태되는 구도 속에서 사회성은 약해지고 자존감은 점점 깎여 나간다.

'진로 변경'이라는 아이의 선택 앞에서

큰아들의 기타 사건 이후, 또 한 번 믿음을 시험받았다. 둘째 아이가 고등학교 1학년이던 해, 공학계열을 희망하던 아이가 갑자기 진로를 바꾸고 싶다고 말했다.
"엄마, 나 요즘 디자인에 끌려. 제품 디자인 같은 거."
처음엔 농담처럼 들렸다. 평소 수학과 과학을 좋아하던 아이였기에 미술이나 디자인은 뜻밖이었다.
"그런 건 취미로 해도 되잖아."
순간 그렇게 반응한 자신을 보고 다시 마음을 다잡았다.
'아, 나는 또 내 기준으로 아이를 보려 하고 있구나.'

아이는 말했다.
“꼭 하고 싶은 게 뭔지, 지금부터라도 찾아보고 싶어.”
그 말을 듣고 그날 바로 아이와 함께 도서관에 갔다. 디자인 관련 책을 찾고 다큐멘터리를 함께 보며 조금씩 아이의 이야기를 들었다. 시간이 지나며 아이는 자신의 언어로 진로를 말하기 시작했고 설득이 아닌 탐색이 가능해졌다. 이 경험은 또 하나의 교훈을 남겼다.
아이를 안심시키려는 말보다, 함께 걸어주는 시간이 더 강력한 지지라는 것.

아이에게 진짜 필요한 건 완벽한 길이 아니다.
실패할 권리를 허락받는 자유, 그리고 실패해도 사랑받는다는 확신이다. 하버드대 캐럴 드웩(Carol Dweck) 교수는 ‘성장 마인드셋(Growth Mindset)’ 개념을 통해 말한다.
도전과 실패를 긍정적으로 받아들이는 아이가 장기적으로 더 높은 성취를 이룬다.

우리는 아이가 실패하지 않도록 미리 개입하고 싶어 하지만, 진짜 중요한 건 실패 이후의 회복력이다. 부모가 조급한 개입을 멈추고 조용히 옆에 서 있을 수 있을 때 아이는 자기 삶의 주인이 된다.
무엇보다 중요한 것은 부모 자신의 마음 상태다. 스스로의 삶에 만족하지 못하는 부모는 자신의 불안을 아이의 성취로 덮으려 한다. 그러나 부모가 자신의 삶을 사랑할 때 아이의 선택도 존중할 수 있다. "네가 어떤 결정을 하든, 나는 네 편이야." 이 믿음은 말보다 행동으로 진심으로 전해져야 한다.

진짜 헌신은 아이의 삶을 아이의 것으로 인정하는 것

우리는 종종 아이를 통해 자신이 이루지 못한 것을 완성하려는 유혹에 빠진다. 하지만 아이는 우리의 미완성된 꿈을 대신 이루는 무대가 아니다. 진짜 헌신이란 아이의 길을 대신 걸어주는 것이 아니라, 아이가 자신의 삶을 선택할 수 있도록 곁에서 기다려주는 것이다.

부모의 과도한 개입은 사랑이 아니라 불안일 수 있다. 그 불안은 아이에게 전해져 결국 내면이 허약하고 외형만 성숙한 아이로 자라게 할 수 있다.

"내 아이만은 실패하지 않기를."

"남보다 뒤처지지 않기를."

"상처받지 않기를."

이 간절한 마음은 때때로 아이를 옥죄는 울타리가 된다. 아이들은 부모의 기대에 맞춰 살기 위해 진짜 자신을 숨기고 외롭고 불안한 성공한 아이가 될 수밖에 없을지도 모른다.

부모가 해줄 수 있는 최고의 말은 이것이다.

"네가 어떤 길을 선택하든, 나는 너를 믿는다."

이 말은 아이에게 단순한 위로가 아니라 세상을 견디게 하는 내면의 힘이 된다. 이 한마디가 아이를 지탱하고 다시 일어서게 만들고 스스로의 삶을 선택하게 한다. 진짜 부모의 역할은 성공으로 가는 길을 대신 설계해 주는 것이 아니라, 삶의 굴곡 속에서 자신을 지킬 수 있도록 믿고 지지해 주는 것이다.

그 믿음이 결국 아이를 대한민국의 미래로, 더 나아가 대한(大韓)의 어른으로 자라게 만든다.

마음 한 칸, 생각 메모

마음이 들려주는 이야기를 남겨 보세요.

비교의 늪에서 벗어나기

기질과 달란트를 이해한 후 달라진 가족 이야기

다름을 이해하는 것이 가장 큰 사랑의 시작

"엄마, 아빠는 왜 맨날 혼나?"

막내 아이의 무심한 한마디에 나는 순간 말을 잃었다. 소파에 앉아 조용히 TV를 보던 남편과 눈이 마주쳤고, 거실에 무거운 침묵이 흘렀다.

나는 아들 둘, 딸 하나를 둔 다둥이 엄마다. 동시에 아내이자 며느리, 딸, 학원 원장, 교회 봉사자, 학교 운영위원이라는 여러 역할을 감당하며 하루하루를 바쁘게 살아간다. '내가 열심히 하면 집안도, 일도 잘 굴러간다'는 신념 아래 쉼 없이 달려왔다. 그러나 언제부턴가 남편의 느린 걸음이 답답하게 느껴졌다. 퇴근 후 TV를 보거나 주말이면 늦잠을 즐기는 모습이 내 속도와는 너무 달랐다. 나는 자꾸 도움을 요청했고, 그는 종종 그것을 미뤘다. 불만은 쌓였고, 아이들 앞에서 터져 나왔다. 그 결과, 남편은 '엄마에게 늘 혼나는 사람'이 되었고, 아이들 눈에 권위를 잃어갔다.

나는 좋은 엄마, 사랑받는 아내, 자랑스러운 며느리이고 싶었다. 하지만 남편에게 돌아오는 말은 "오버하지 마" "그냥 쉬어" "왜 그렇게까지 해?"였다. 그 말들은 위로보다는 내 열심을 무시하는 것처럼 들렸다.

노력 부족이 아니라 기질 차이

그 무렵, 지인을 통해 '유전자 지문 적성검사(GFAT 검사)'를 알게 됐다. 손가락 지문 패턴을 기반으로 타고난 기질과 강점, 보완점, 스트레스 원인을 파악하고, 연결된 대뇌의 영역별 강도를 분석해 다중능력 우위 순위를 제시하는 검사였다. 직업별 요구 능력과 비교해 관련 학과까지 추천한다고 했다.

그동안 여러 심리검사를 해보았지만, 기분과 상황에 따라 결과가 달라지는 경험을 했기에 깊이 믿지 않았다. 그래도 선천적인 유전적 정보에 기반한 검사이기에 변하지 않는 데이터라면 교육과 관계에 의미 있게 적용할 수 있겠다는 생각이 들어 우리 가족 모두 검사를 받았다.

상담사의 첫 마디는 뜻밖이었다.

"이 집안에서 아버지가 가장 힘드시겠어요."

나는 한 번도 남편이 힘들 거라고 생각해본 적이 없었다. GFAT 리포트를 읽으며 처음 알게 되었다.

남편은 반복적이고 안정적인 환경을 선호하고, 남을 많이 의식해 에너지를 쉽게 소진하는 기질이었다. 자신의 의견을 강하게 내세우기보다는, 주변 사람들의 의견을 조율하고 맞춰주는 성향이었다. 회사에서는 꼼꼼함과 논리성을 발휘해 성과를 내지만, 퇴근 후에는 반드시 충분한 쉼이 필요한 사람이었다.

대뇌 강도 역시 달랐다. 남편은 정신중추를 주관하는 전전두엽 강도가 보통이고 사고중추를 주관하는 후전두엽의 강도가 탁월하여, 지도력 · 추진력보다는 공간감각과 논리분석력이 뛰어났다. 반면 나는 전전두엽의 에너지가 상대적으로 높아 개척능력, 적극성, 지도력 등이 좋았고, 여러 일을 동시에 해낼 수 있는 성향이었다.

그동안 '나는 노력하니까 잘해내는 거야'라고 생각하며 그렇지 못한 사람을 능력 부족 · 노력 부족으로 판단했다. 그러나 사실은 기질과 뇌 에너지 구조의 차이였음을 깨달았다.

이해가 되자 남편의 강점이 보이기 시작했고, 비교의 잣대를 내려놓을 수 있었다. 그 순간, 진심으로 남편에게 미안했다.

"왜 우리는 서로를 탓했을까?"

GFAT 검사를 통해 알게 된 것은, 가족 간 갈등이 단순한 생활 습관이나 성격 차이가 아니라 타고난 기질 · 대뇌 강도 · 에너지 사용 방식의 차이에서 비롯된다는 점이었다.

남편은 회사에서 에너지를 모두 쓰고 돌아오면, 집은 회복의 공간이어야 했다. 그런데 나는 그를 '가사와 육아에 비협조적인 사람'으로 몰았다. 아이들 역시 각자 다른 기질과 뇌 특성을 가지고 있었지만, 나는 그 차이를 '집중력 부족'이나 '산만함'이라는 표면적인 잣대로만 재단했다. 그리고 그 기준은 언제나 '나'였다.

기다리는 부모, 바라보는 교육

GFAT 검사는 우리 가족에게 '다름을 인정하는 언어'를 주었다. 이 검사를 모든 가정에 권하려는 것은 아니다. 다만, 어떤 방식으로든 서로의 기질과 뇌 에너지 차이를 이해하려는 노력만으로도 관계는 훨씬 따뜻해질 수 있다.

물고기 엄마가 원숭이 자녀를 키운다고 상상해 보자.
원숭이는 나무를 잘 타지만, 엄마 물고기는 그 모습을 보고 "위험하다, 내려와"라고 말할 것이다. 심지어 물에서 수영하라고 시킬지도 모른다. 수영에 서툰 원숭이는 자존감을 잃고, 옆집 돌고래와 비교당하며 위축된다.
아이들은 각자 타고난 달란트를 지닌 존재다. 부모가 해야 할 일은 그 가능성이 스스로 피어날 수 있도록 환경과 시간을 주는 것이다.
동그라미와 세모가 한 집에 살면, 서로의 모양을 바꾸려 하기보다 각자의 강점을 합쳐 자동차나 아이스크림처럼 새로운 가치를 만들 수 있다. 나는 이제 남편도, 아이들도, 나 자신도 다르게 바라본다. 무엇보다 서로를 탓하지 않고 기다릴 수 있는 힘이 생겼다.
가끔은 여전히 조급해질 때가 있다. 그럴 때마다 나에게 묻는다. "나는 지금, 자녀와 남편이 나와 다른 존재라는 사실을 정말 인정하고 있는가?"

그 질문이 나를 기다리는 부모, 바라보는 아내로 돌아오게 한다. 그리고 나는 오늘도 배운다. 서로 다름을 이해하는 것이 가장 큰 사랑의 시작이라는 것을. 그리고 그 사랑이 우리 가족을 단단하게 만든다는 것을.

내 아이는 대한민국의 미래인가

우리 애가 나라 걱정까지 해야 하나요?

아이에게 미래라는 짐을 지우는 사회

"아들, 엄마는 우리 아들이 너무 멋지고 훌륭하다고 생각해. 이런 청소년이 있는 우리나라의 미래는 정말 밝은 것 같아."

늘 상대를 배려하고 예의 바른 아들이 기특하고 예뻐서 내뱉은 말에 "엄마, 그러면 내가 잘못하면 나라 망해요?" 아들이 진지한 표정으로 물었다.

"왜 그렇게 생각해?"

"'청소년의 도덕성은 국가의 미래다' '아이들이 이 나라를 이끌어갈 주역이다'는 말이 부담스럽게 와닿을 때가 있어요."

그 순간, 나는 아들에게 건넨 칭찬의 말 속에는 '너는 항상 상대를 배려해야 하고 예의 바른 아들로 커야 해. 그래야 내 아들이지'하는 마음이 있었음을 깨달았다.

우리는 자녀에게 어른들의 걱정과 바람, 교육 정책의 수사, 그리고 학교의 훈화 시간 속 문장들이 무심코 '너는 대한민국의 미래야'라고 반복한다. 그 말 안에 있는 무게를 정작 말하는 어른들은 의식하지 못하고 있는 것은 아닐까.

우리는 종종 격려의 이름으로 무심코 이런 말을 내뱉는다. 아이들에게 꿈을 심어주고 동기를 부여하는 데 좋은 말처럼 느껴지기 때문이다. 하지만 어린아이가 그런 말을 어떻게 받아들일지는 생각하지 않는다. 어른의 기대와 무게는 종종 아이에게는 두려움으로 다가온다.
'국가의 미래' '민족의 희망'이라는 수사는 그 자체로 상징적이다. 하지만 그 말의 주체가 되는 아이들에게는 실체적 부담이 된다. 자신의 행동 하나하나가 미래를 좌우한다는 생각은 아직 자아가 완전히 형성되지 않은 시기에 지나친 압박일 수 있다. 우리는 아이가 감당할 수 없는 책임을 기대라는 이름으로 강요하고 있지는 않은가.

그렇다면 다시 물어야 한다.
정말 내 아이는 대한민국의 미래인가?
아니, 그렇게 말하는 우리는 그 미래에 어떤 책임을 지고 있는가?

'미래'라는 말의 책임, 누구의 것인가?

현대 사회에서 '아이=미래'라는 담론은 너무나 자연스럽게 받아들여진다. 교육 정책, 정치적 수사, 심지어 광고 카피에도 빠지지 않는다. 캠페인에서도, 행사장 현수막에서도 "청소년은 대한민국의 희망입니다"라는 문구는 익숙하다. 이 문장은 일종의 사회적 합의처럼 굳어져 있다. 그러나 이 문장이 어떤 현실을 은폐하고 있는지를 우리는 깊이 들여다볼 필요가 있다. 'OECD의 2024' 보고서에 따르면, 한국 아동의 삶의 만족도는 OECD 평균보다 훨씬 낮은 수준이다. 이는 아이들이 현재의 삶에서 충분한 만족을 느끼지 못하고 있음을 시사한다. 한국은 25개국 중 아동 삶의 만족도가 최하위권에 머물렀으며, 학업 스트레스 지수는 최고 수준으로 나타났다.

지표	한국	OECD 평균
삶의 만족도 (0~10점)	6.2	7.8
학업 스트레스 경험률	82%	46%

출처: OECD How's Life? 2024 - Korea Country Profile

이 숫자들은 단순한 통계가 아니라, 아이들이 '미래'라는 말을 감당하면서 정작 자신의 '현재'를 잃고 있다는 경고다. 우리는 미래를 강조하지만, 그 과정에서 아이들이 살아가는 '지금'을 놓치고 있는 건 아닌가. 현재의 불평등, 과도한 경쟁, 공정이라는 이름의 차별은 대한민국의 미래라는 미사여구 뒤에 가려져 있다. 아이들은 시험과 평가, 경쟁 속에서 점점 더 자신을 성과의 수치로만 인식하게 된다.

실제로 학교 현장에서는 아이들의 수면 부족, 불안 장애, 과잉행동장애(ADHD) 증가가 눈에 띈다. 교사들은 수업보다 생활지도가 더 어려워졌다고 말하며, 학생들의 정서적 안정이 무엇보다 시급하다고 호소한다. 이런 문제들은 모두 교육과 사회가 '지금 여기'의 아이를 충분히 돌보지 못한 결과다.

2022년 한국청소년정책연구원은 '미래의 주인공'이라는 말이 청소년에게 심리적 압박과 불안을 유발할 수 있다고 지적했다. 청소년의 권리를 보호하고, 지금의 삶을 충분히 존중해야 진정한 미래 준비가 될 수 있다고 말한다. 아이들이 스스로의 속도와 목소리로 미래를 설계할 수 있도록 사회가 현재의 안정과 여유를 보장해 주어야 한다.

아동·청소년 권리 담론을 확장하려는 학계의 목소리도 커지고 있다. 아이는 단지 보호받아야 할 존재가 아니라, 지금 이 사회의 주체로서 존중받아야 할 존재라는 인식이 필요하다. 아동기는 단순히 성인이 되기 위한 준비 단계가 아니라, 그 자체로 완전한 삶의 시기다. 아이는 자신의 속도로 세상을 배우고 스스로의 언어로 삶을 해석할 권리가 있다. 결국, 아이가 미래가 되기 위해서는 지금 이 순간 충분히 보호받고 존중받아야 한다. 그것이 교육의 시작이고, 사회의 진심이며, 진짜 희망이다.

내 아이는 지금, '잘 살고' 있는가?

"대한민국의 미래"라는 말은 틀린 말은 아니다. 그러나 그 말을 입에 올릴 때마다 우리에게는 더 중요한 질문이 따라야 한다. 나는 내 아이의 '현재'를 책임지고 있는가? 우리 사회는 아이들이 오늘을 충분히 살 수 있도록 돕고 있는가?

가정에서는, 아이가 지금의 삶을 느끼고 표현하고 즐길 수 있는 환경이 필요하다. '공부 열심히 해서 훌륭한 사람이 되라'는 말보다 '요즘 네가 어떤 생각을 하고 있는지 궁금하다'고 물어주는 것이 먼저여야 한다. 아이가 말할 수 있는 공간, 울 수 있는 시간, 실수해도 괜찮다고 느끼는 안전한 분위기가 있어야 한다.

학교는 아이가 시험만 잘 보는 인간이 아니라, 친구와 어울리고 자신의 감정을 이해하고, 갈등을 해결하는 법을 배우는 공간이어야 한다. 성적 중심에서 관계 중심으로, 경쟁 중심에서 협력 중심으로 교육의 패러다임이 바뀌어야 한다.
어른인 우리는, 그저 '너는 미래야'라고 말하기보다 '지금의 너도 충분히 소중하다'고 말할 수 있어야 한다. 아이의 오늘을 존중하는 사회, 지금의 시간이 행복한 나라를 만드는 데 책임을 져야 한다.
그럴 때, 아이는 자연스럽게 미래가 된다. 억지로 미래를 짊어지지 않아도, 자신만의 방식으로 세상을 살아갈 준비가 되어 있는 아이로 자란다.

오늘 우리 아이는 웃었는가?
나는 아이의 말에 충분히 귀 기울였는가?
나는 아이의 '미래'가 아닌 '현재'를 사랑하고 있는가?

우리가 원하는 교육, 아이에게 맞는 길은 따로 있다

타고난 성향과 역량을 존중하는 진짜 교육

우리가 꿈꾸는 교육, 그러나 말하지 못하는 속마음

"아쉬운 소리 안 하고 살았으면 좋겠어."

"사람들이 알아주는 직업, 돈 걱정 없는 삶이면 좋겠지."

많은 부모들은 자녀 교육에 대해 이야기할 때 이상을 말한다. 그러나 그 속마음에는 현실적인 바람이 담겨 있다.

결국 우리가 바라는 교육은 자녀가 성공적인 직업을 갖는 데 도움이 되기를 바라는 것이다. 의사, 변호사, 공무원, 대기업 직원... 사회가 안정적이고 유망하다고 여기는 이 직업군에 자녀가 진입하기를 희망한다. 이것이 틀린 것이 아니다. 누구든 자녀가 안정되고 사회적으로 인정받는 삶을 살길 바라는 건 자연스러운 부모의 마음이기 때문이다.

하지만 그 직업이 정말 모든 아이에게 성공적인 선택일까? 그리고 그 직업을 향한 지금의 교육 방식은 아이에게 어떤 영향을 주고 있을까?

아이 성향에 기반한 진로 탐색

나는 유전자 지문 적성검사(GFAT 종합검사)를 통해 수많은 학생과 학부모, 성인들을 만나며 그 과정에서 확신하게 된 것이 있다. 사람마다 인지적 특성과 사고 처리 방식은 분명히 다르며, 이는 유전적인 대뇌 영역별 강도 차이에서 비롯된다는 것이다. 예를 들어, 어떤 학생은 언어적 표현과 공감 능력이 뛰어나 타인의 감정을 민감하게 읽어낸다. 이 아이는 교육, 상담, 협업이 중심이 되는 분야에서 빛날 수 있다. 반면, 또 다른 학생은 분석력과 공간지각력이 뛰어나 기술이나 구조적 설계를 요하는 연구 분야에서 두각을 나타낼 수 있다.

지문을 채취해 보면 사람마다 지문 모양이 다 다르지만, 일정한 패턴이 있다. 이 패턴에 따라 주관이 유연한지, 고정적인지, 주도적인지, 수동적인지, 사고 구조가 단순한지 복잡한지, 판단을 감성적으로 하는지 이성적으로 하는지, 공동 공간에서 집중이 잘 되는지 혼자 있을 때 더 잘 되는지, 결정과 행동이 빠른지 느린지 등의 성향 특성이 공통적으로 나타난다.
이는 도형의 성질처럼 잘 변하지 않는 성향으로 예측이 가능하다. 지문 모양은 사람이 태어나서 죽을 때까지 변하지 않기 때문에, 그 패턴을 분석하면 사고와 행동의 근본적인 경향성을 알 수 있다. 이러한 성향 특성은 성인이 되었을 때 어떤 역할(사장형, 조력형, 교육형, 기획형, 법무형 등)이 자연스럽게 맞는가에도 영향을 준다.

중요한 것은 부모가 좋다고 생각하는 직업이나 세상의 안정적인 기준이 반드시 아이에게도 맞는 길은 아니라는 점이다. 오히려 아이의 타고난 성향과 유전적 특성에 자연스럽게 어울리는 직무환경을 찾는 것이 스트레스도 적고, 아이가 자기답게 오래도록 성장하며 일할 수 있는 길이 된다. 그렇기에 지금 부모가 해야 할 일은 아이가 누구인지, 무엇을 잘하고 무엇을 편안하게 느끼는지부터 제대로 이해해 주는 것이다.

안타까운 사례에서 배우는 것

38살의 공교육 중학교 영어 교사는 현재 하는 일이 잘 맞지 않아 검사를 받았다. GFAT 종합검사 결과, 그는 사고중추 강도가 높고 기질적으로 여러 사람과 어울리기보다 혼자 깊이 연구하는 개성이 강한 유형이었다. 추천 직업 역시 과학 · 기술 · 연구 등 분석과 탐구가 중심이 되는 분야가 다수 나왔다.

그러나 고3 시절, 어머니가 "여자가 교사하면 안정적이지"라는 조언을 하였고, 그 말에 따라 영문과에 진학해 영어 교육대학원까지 마쳤다. 이후 기간제 영어 교사로 일하고 있지만, 기질과 맞지 않는 일을 하다 보니 즐거움보다 소진이 더 컸다. 하는 일에서 인정이나 성취감을 느끼기 어려웠고, 맞지 않는 환경에 자신을 계속 맞추려다 보니 심리적으로 힘든 상태가 된 것이다.

이런 일은 성인만의 이야기가 아니다. 청소년기의 선택에서도 똑같이 일어난다.

고등학교 남학생 한 명은 "수학이 중요하다"는 교육 분위기에 휩쓸려, 초등 시절부터 꾸준히 수학 학원에 다녔다. 성실한 노력 끝에 고교 입학 전 이미 미적분 선행을 마쳤고, 수능 모의고사에서는 1등급을 받았다. 그러나 강남권의 치열한 내신 경쟁 속에서 수학 내신은 3등급에 머물렀고, 그는 처음으로 벽을 느꼈다. GFAT 종합검사 결과, 그의 논리사고중추 강도는 '보통'이었고, 지금까지의 성과는 의지와 환경이 만든 결과였다. 하지만 환경과 의지가 같더라도 변하지 않는 유전적 요소가 있다는 사실을, 공부 한 줄 세우기 경쟁 속에서 절실히 깨달았다. 그는 '이과'만을 목표로 했지만, 검사 이후 그동안 쌓아온 이과적 역량을 문과 계열 전공에서 활용하는 길을 선택했고, 지금은 그 목표를 향해 몰입하고 있다.

중학교를 다니는 한 여학생은 춤, 노래, 친구와의 시간을 좋아했지만, 책과 공부에는 큰 흥미가 없었다. GFAT 종합검사에서 시각중추 강도가 높게 나타났지만, 초등 시절에는 미술 활동을 거의 해본 적이 없어 스스로도 몰랐던 강점이었다. 부모는 SNS를 줄이고, 시각적 강점을 자극할 환경을 만들기 위해 입시미술학원에 등록시켜 보았다. 첫날부터 긍정적인 피드백을 받자 예술고 입학과 예대 진학이라는 목표를 세웠고, 다른 과목의 수업 태도도 눈에 띄게 달라졌다.

이처럼 아이의 기질과 강점을 이해하면, 진로의 방향이 선명해지고 그 방향은 태도와 노력까지 변화시킨다.

의지와 환경, 그리고 부모의 역할

타고난 유전적 성향이 모든 것을 결정짓는다는 것은 아니다. 아무리 뛰어난 기질을 타고났어도 노력 없이는 열매가 없다. 그래서 더 중요한 것은, 그 노력을 끝까지 유지하게 만드는 힘, 즉 의지이다.
의지는 부모가 아이에게 줄 수 있는 최고의 환경적 유산이다. 실수를 허용하고, 실패에도 다시 시작할 수 있다는 믿음을 주는 가정. 부모가 아이를 믿어주는 환경에서 아이는 도전할 수 있는 힘을 기르게 된다. 여기에 탐색할 기회, 즉 다양한 것을 경험하며 자신에게 맞는 길을 알아가는 시간이 필요하다.

좋은 환경이란 꼭 경제적으로 풍요로운 집을 의미하지 않는다. 책을 읽고, 사람을 만나고, 실패도 겪어보는 다양성이 주어지는 공간이면 충분하다. 하지만 지금의 교육 현실은 이런 탐색의 기회를 충분히 보장하지 못하고 있다.

진짜 교육은 길을 찾는 힘을 키우는 것

결국 교육은 직업을 위한 도구가 아니라, 삶을 살아가는 방식을 배우는 과정이어야 한다. 우리는 아이에게 정답을 줄 수는 없지만, 스스로 질문할 수 있는 힘은 줄 수 있다. 우리는 아이에게 완벽한 진로를 설계해 줄 수는 없지만, 스스로 길을 찾을 수 있는 눈과 마음을 길러줄 수 있다. 이제는 우리 스스로에게 물어야 한다.

우리가 진짜 원하는 교육은 무엇인가?
좋은 대학에 가는 것인가? 남보다 앞서 나가는 것인가? 아니면 자기 삶을 사랑하며 살아갈 수 있는 아이로 키우는 것인가?

현실은 녹록하지 않지만, 방향은 분명히 할 수 있다.
아이가 타고난 성향을 이해하고 스스로 선택하게 하며, 다양한 경험 속에서 내면의 힘을 기르게 돕는 것.
부모의 기준이나 세상의 기준에서 '좋은 것'을 무조건 쥐여주기보다, 게으름 · 거짓말 · 약속 불이행 · 배려와 양보 부족처럼 '나쁜 습관'을 하지 않도록 가르치는 것이 먼저다. 이런 기본이 갖춰진 아이는 어디서든 사랑받고, 어떤 환경에서도 귀하게 성장한다.
지금부터라도 아이가 좋아하는 활동을 묻고 그 시간을 존중하자. 함께 책을 고르고, 한 권이라도 끝까지 읽고 이야기 나누자. 실패했을 때 먼저 위로하고, 다시 도전할 기회를 열어주자. 이렇게 쌓인 경험들이 결국 아이가 자기 삶을 주도적으로 설계할 수 있는 힘이 된다. 이것이 우리가 지금 당장 시작할 수 있는, 가장 현실적이고도 확실한 미래 교육이다.

행복한 아이는 어떻게 만들어지는가?

행복이란 무엇인가

아이가 학교 갔다 집에 오자마자 가방을 풀며 뭔가 큰 일이라도 난 듯 들뜬 목소리로 말했다.
"엄마, 선생님이 '자신이 행복한 사람이라고 생각하는 사람 손 들어 봐라'고 해서 손을 번쩍 들었어요."
그 말에 기특하기도 하고, 호기심이 생겨 "와아 대단하네, 우리 ○○은 어떨 때 행복하다고 느껴?"라고 물었더니 아이는 마치 뭔가 중요한 걸 막 깨달은 사람처럼 말했다.

"뭔가 먹고 싶고 갖고 싶을 때 그것을 먹고 있고 가지고 있다고 상상하면 행복해져요."
아이의 얼굴에는 웃음이 가득했고 그 웃음은 활짝 핀 꽃처럼 생기 있었다.
그 순간 나는 행복이라는 말의 진짜 의미에 대해 생각하게 되었다. 어쩌면 행복은 거창한 것이 아니라, 지금 이 순간 내가 원하는 것, 나를 기쁘게 하는 것에 마음을 주는 일이 아닐까.

요즘 아이들은 참 바쁘다.
학교, 숙제, 학원, 시험, 수행평가, 진로 고민까지 쉼 없이 이어진다. 주말에도 쉬는 날이 아니라 보충하는 날이 되었고, 방학은 계획표 짜는 기간이 되었다. 그런 아이에게 “왜 그렇게 바쁘니?”라고 물으면 의외로 이렇게 말한다.

“행복해지려고 바빠요.”
그 말이 한편으로는 애틋하고 또 한편으로는 슬프게 들린다.
우리는 미래의 행복을 위해 현재의 행복을 유예하고 있는 건 아닐까?
한창 놀고 웃고 실수하며 배워야 할 시기에 버텨야 하는 삶을 살아내고 있는 건 아닐까? 행복을 미래의 목표로만 설정해 버린다면 아이는 오늘의 기쁨을 어떻게 기억할 수 있을까?

우리는 지금 여기, 바로 오늘을 살고 있는 우리 아이들에게 질문해야 한다.
행복은 무엇일까?
나는 지금 행복한가?
그리고, 행복한 아이는 어떻게 만들어지는가?

아이의 행복은 어디서 시작될까?

사람이라면 누구나 행복하게 살기를 원한다. 하지만 그 행복의 시작은 어디에서 비롯되는가? 하버드대학교에서 72년 동안 800명 이상을 추적한 종단연구는 놀라운 결과를 보여준다. 행복의 조건은 재력, 학력, IQ가 아니라 좋은 관계, 그리고 정서적 안정감에 있었다.

+ 행복에 가장 영향을 미치는 요소

영향 요인	상관도
좋은 인간관계	매우 높음
재정적 여유	중간
높은 학력	낮음
IQ/인지 능력	낮음

출처: Harvard Study of Adult Development, George Vaillant, 2010

세계보건기구(WHO)도 건강의 정의를 "신체적, 정신적, 사회적, 영적으로 완전히 좋은 상태"라고 밝히며, 행복의 핵심 조건이 건강한 삶임을 명확히 했다.
그렇다면 우리 아이는 과연 신체적으로, 정서적으로, 관계적으로 건강한 상태에 있는가?
아이의 행복을 만드는 가장 기본은 정서적 안전기지다. 부모와의 안정된 애착은 자존감, 사회성, 회복력의 토대가 되며, 그 기반 위에서 아이는 실수와 실패를 견딜 수 있는 힘을 얻는다.

예를 들어, 한 아이는 시험을 망친 날 집에 와서 울며 말했다.
"엄마가 나 혼낼까 봐 무서웠어."
반면, 또 다른 아이는 "엄마한테 말하니까 속이 좀 편해졌어"라고 이야기했다.

이 차이는 단순한 성격 차이가 아니다. 부모와의 관계에서 정서적 안전감을 느끼느냐 아니냐의 차이다. 우리 아이가 어떤 상황에서도 부모를 안전기지로 여길 수 있다면 그 아이는 이미 마음의 뿌리를 단단히 내리고 있는 것이다.
실수와 실패에 대한 부모의 반응은 아이의 미래를 결정짓는다. 아이가 무언가 잘못했을 때 "괜찮아, 다시 해보자"는 말은 아이에게 다시 도전할 수 있는 용기와 자기효능감을 심어준다. 실제로 어떤 초등학생은 시험에서 60점을 받고도 "엄마는 점수보다 내가 열심히 한 걸 더 중요하게 봐줘요"라고 말했다. 그 아이는 이후에도 도전을 두려워하지 않고, 어려움 앞에서도 쉽게 무너지지 않았다. 행복한 아이는 실패를 두려워하지 않는 아이다.

행복한 아이를 위해 오늘부터 할 수 있는 작은 변화

행복한 아이를 키우기 위해 우리가 꼭 알아야 할 것은 대단한 교육법이 아니라 작은 태도다. 부모가 바뀌면 아이도 변한다. 오늘부터 실천할 수 있는 가장 간단하면서도 강력한 변화는 아이의 감정을 먼저 공감하는 것이다.
"왜 그랬어?"보다는 "그랬구나, 속상했겠다."라는 말이 아이의 마음을 열게 한다.
또한 성적표보다 아이의 노력과 태도에 관심을 갖는 것이 중요하다. 점수는 결과일 뿐 과정에서의 성실함과 태도가 아이의 성장을 결정짓는다.
"너 정말 열심히 했더라, 그게 제일 멋졌어."라는 말 한마디가 아이의 자존감을 키우고, 실패 앞에서도 다시 시도할 수 있는 힘이 된다. 부모가 결과보다는 과정을 칭찬할수록, 아이는 도전과 실패를 자연스럽게 받아들인다.

행복한 아이는 '지금 여기'에서 만들어진다

대한민국 교육은 치열하고, 부모의 마음은 늘 무겁다. 하지만 "우리 아이, 잘 살았으면 좋겠다. 무엇보다 행복했으면 좋겠다."라는 부모의 바람은 똑같을 것이다.
행복한 아이는 타고나는 것이 아니라, 사랑과 존중, 안정된 환경 속에서 자라나는 존재다. 부모와 교사 그리고 사회가 함께 정서적 안전망을 만들고, 아이가 자신의 감정을 이해하며 표현할 수 있도록 도와줄 때 아이는 진정으로 행복을 느낄 수 있다.
결국, 아이의 행복은 단지 개인의 문제가 아닌 사회 전체의 책임이자 미래를 위한 가장 근본적인 투자다. 오늘 아이의 감정을 들어주는 그 10분이 내일을 살아갈 용기를 만들어준다. 그 작은 실천이 쌓여 아이의 삶을 행복으로 물들인다.

바쁘더라도 잠시 멈춰 아이의 눈을 바라보는 일.
피곤하더라도 아이의 이야기에 귀 기울여주는 일.
실수했을 때 더 따뜻하게 안아주는 일.

부모로서 할 수 있는 그 작은 용기들이 쌓여 아이의 삶을 바꾸고 결국 우리 사회의 미래를 바꿔나간다.

오늘 아이에게 "사랑해"라고 말했는가?
오늘 아이의 마음을 제대로 들어본 적 있는가?
오늘 아이와 함께 웃은 시간이 있었는가?

이 질문 앞에 잠시 멈춰 선 당신은 이미 좋은 부모이고 행복한 아이를 키울 수 있는 준비가 된 사람이다.
행복은 거창하지 않다. 지금 이 순간 아이와 눈 맞추고, 마음을 나누고, 온전히 함께해 주는 것. 그것이야말로 아이에게 줄 수 있는 가장 확실한 교육이며 가장 아름다운 유산이다.

아이의 주도성을 키우는 교육

"한 번 해봐"라는 말이 만들어낸 변화

조용한 부모, 주도적인 아이

"아빠, 나 전교 학생회장 선거에 나가볼래요."

고등학생이던 큰아들이 처음 이렇게 말했을 때, 나는 순간 농담인 줄 알았다. 나는 낯을 많이 가리는 편이다. 학창 시절에도 사람들 앞에 나서기보다 조용히 맡은 일을 해내는 스타일이었다. 그런 내가 키운 아이가 친구들 앞에 서겠다고 말하다니. 놀라움과 동시에 솔직히 조금 걱정도 들었다. '혹시 낙선되어 실망하지 않을까? 떨어지면 위축되지 않을까?'

하지만 아이는 진지하고 최선을 다하는 모습을 보여줬다. 친구들과 포스터를 만들고, 공약을 고민하고, 거울 앞에서 발표 연습을 했다. 나는 그저 옆에서 "그래, 잘해봐" 한마디 응원했을 뿐인데 결국 당선되었다. 1년 동안 책임감 있게 학생회의 의견을 모으고, 친구들과 선생님 사이에서 조율하며 그 역할을 해냈다.

그 모습을 지켜보던 둘째 아들도 고2가 되던 해, 학생 입법위원회 위원장 선거에 도전했다. 형처럼 준비 과정을 성실히 거쳤고 역시 당선되었다. 형제는 그렇게 각자의 방식으로 학교 안에서 주도적인 경험을 쌓아갔다.
무엇보다 인상 깊었던 것은 이 모든 도전이 누가 하라고 시킨 것이 아닌 스스로의 선택이었다는 것이다. 자신의 마음에서 시작된 의지, 그리고 책임감 있는 행동. 그것이 주도성이다.

운동과 말하기, 두 개의 기회

우리 아이들은 어릴 때부터 운동을 좋아했다. 큰아이는 축구, 둘째는 농구에 푹 빠졌다. 그저 단순한 놀이로 시작했던 운동이 나중에는 내 아이를 성장시키는 도구가 되었다.
패스를 놓칠까 고민하면서도 빠르게 결단을 내리고, 팀원과 소통하고, 경기를 이끌어가는 리더십을 발휘하기도 했다. 이런 경험들이 쌓이면서 아이는 자신감을 얻게 된 것 같다.
'내가 판단할 수 있다.' '내가 책임질 수 있다.'
무엇보다 중요한 점은, 이 모든 과정이 부모가 시켜서 한 것이 아니라는 것이다. 아이가 몰입한 활동에서 선택한 결정과 책임의 훈련. 그 자체가 주도성의 뿌리였다.

아이들이 초등학교 6년 내내 매주했던 활동인 '새 소식 발표' 시간도 자기주도성을 키운 또 다른 중요한 경험이었다.
1~2학년 때는 엄마 아빠가 주제 찾는 것을 도와줬지만 3학년이

넘어가면서부터는 아이들이 스스로 주제를 고르고 정보를 찾아 정리해 발표까지 자연스럽게 해냈다.
처음엔 부담스러워하던 아이들도 시간이 지나면서 자신만의 스타일로 말하고 정리하여 표현하는 법을 익혔다. 반복은 좋은 습관을 형성시켰고 그렇게 형성된 습관은 자신감이 되었다.
말을 잘하는 것이 핵심이 아니었다. 자기 생각을 정리하고, 타인 앞에서 그것을 말할 수 있다는 자신감, 그것이 아이에게 깊은 내적 자원을 만들어주었다.

많은 부모들이 말한다.
"우리 아이는 너무 수동적이에요."
"시켜야만 움직여요."
하지만 내가 경험한 바로는, 아이의 주도성은 타고나는 것이 아니라, 만들어지는 것이다. 그 환경은 특별한 프로그램이나 학원에서만 만들어지지 않는다. 일상 속에서 아이가 주도적으로 할 수 있는 기회를 얼마나 주느냐에 달렸다.
관심 있는 활동을 찾을 수 있도록 다양한 경험을 함께해 주는 것, 스스로 결정을 내릴 기회를 주고, 실수해도 비난보다 격려해 주는 것, "왜 그걸 선택했어?"가 아니라, "어떻게 그런 것을 생각하게 됐어?"라고 묻는 것.
이런 작고 반복적인 실천이 아이의 주도성을 천천히 그러나 확실하게 키워준다.
또 하나 중요한 것은, 부모의 태도다.
기다려주는 태도, 간섭하지 않는 용기, 물러서 주는 배려.

부모가 조금만 한 걸음 뒤로 물러서면 아이는 스스로 그 빈자리를 채우려고 움직이기 시작한다.

누구나 가정에서 할 수 있는 선택과 도전

아이의 자기주도성을 만들어 주기 위해서는 아빠 엄마와 함께 관심 있는 운동 종목을 함께 해보고 필요하다면 학교 내외의 클럽에 가입시켜 주면 된다. 비용이 부담된다면 직접 부모와 함께 할 수도 있다.
새로운 것을 찾는 능력과 말하기 능력 역시 부모가 의지만 있다면 가정에서 충분히 가능하다. 아이들이 준비한 내용을 가족과 함께 공유하는 시간을 가지면 된다.
이때 아이들에게 줄 약간의 보상을 더한다면 지속적으로 실천할 가능성이 높아질 것이다. 자기주도성은 유전이 아닌 환경과 반복을 통해 만들어질 수 있다.

나와 아내는 조용히 자기 자리에서 성실히 살아가는 사람이다. 그런 부모를 보고 자란 우리 아이들이 전혀 다른 길을 스스로 찾아가고 선택하는 모습을 볼 때마다 나는 마음이 묘해진다.
"나는 그런 도전을 못 해봤는데." 그 아쉬움은 이제 부모로서의 기쁨으로 바뀌었다. 나는 학창 시절 거창한 도전을 해보지는 않았다. 하지만 묵묵히 지켜봐 주시고 응원해 주신 부모님 덕분에 오늘의 내가 있다고 생각한다. 우리 아이들도 옆에서 든든히 지원해 준 부모가 있기에 자신들만의 속도로 자신만의 도전을 해내고 있다고 생각한다. 주도성은 믿어주는 사람이 곁에 있을 때 자란다. 그 믿음은 말이 아니라 기회와 기다림 그리고 반복적인 응원 속에서 증명된다.

우리가 아이에게 해줄 수 있는 가장 강력한 말은 이것이다.

"한 번 해봐."

"좋은 생각이야."

"실패해도 괜찮아."

이 짧은 문장이 아이를 움직인다.

아이를 자기 삶의 주인공으로 만들어주는 것은 부모의 믿음이고 말의 힘이다.

마음 한 칸, 생각 메모

마음이 들려주는 이야기를 남겨 보세요.

부모가 바꿀 수 있는 작은 변화들

아이의 문제는 결국 부모 문제일까?

상담센터에 한 어머님이 찾아왔다. 부드러운 말투였지만 얼굴에는 지친 기색이 역력했다. 조심스럽게 말을 꺼냈다.

"어릴 때 부모님이 친구들과 비교하면서 공부 안 한다고 때리고 했던 것이 너무너무 싫었는데, 나도 아이에게 그러고 있더라고요. 안 그러고 싶은데 그게 참… 좋은 부모가 되고 싶어서 부모 교육에 열심히 참여하고 육아서도 읽고, 실천해 보려고 하지만 며칠 못 가요. 아이가 한 번 삐딱한 말을 하면, 그동안 참아왔던 것들이 뚜껑 열리듯 폭발해 버려요. 그러고 나면 아이에게 미안하고, 그런 나 자신에게 실망하게 돼요. 그래서 속상해요. 왜 그럴까요? 저에게 문제가 있는 걸까요?"

이야기를 마치고 눈가가 촉촉해지더니 이내 조용히 눈물을 흘리던 어머니의 모습은 오래도록 마음에 남았다. 나는 고개를 끄덕이며 마음속으로 같이 울고 있었다.

많은 부모들이 아이를 잘 키우고 싶은 마음과 현실에서 반복되는 후회 사이에서 버겁고 힘든 시간을 보낸다. 부모교육도 열심히 듣고 좋은 육아서도 부지런히 읽지만, 정작 아이와의 갈등 앞에서는 어린 시절 상처가 무의식처럼 다시 고개를 든다. 다짐은 금세 무너지고 감정은 통제되지 않는다.

나 역시 그랬다. 부모가 된다는 것은 끊임없이 자신을 돌아보는 여정이었다. 왜 반복될까, 왜 아이 앞에서만 나는 이렇게 흔들릴까. 심리학과 상담학을 공부하고, 나의 상처받은 내면아이를 만나면서 그 이유를 알 수 있었고 그 실타래를 조금씩 풀 수 있었다.
많은 내면의 치유 작업을 통해 나 자신을 이해하고 나를 사랑하게 되면서 크고, 작은 변화를 경험할 수 있었다.
우리는 '완벽한 부모'가 되려는 것이 아니다. 누구나 흔들리고 누구나 실수한다.
하지만 지금 이 자리에서 할 수 있는 작고 실천 가능한 변화가 결국 아이를 바꾼다. 부모의 말투 하나, 표정 하나, 감정을 다루는 방식 하나가 아이의 정서 발달에 큰 영향을 준다. 그리고 이 변화는 거창한 결심이 아니라 작고 부드러운 실천에서 시작된다. 아주 작고 느리지만 꾸준한 변화는 아이의 마음을 지키는 가장 강력한 힘이 된다.

부모의 작은 변화가 아이의 큰 변화를 만든다

하버드대 교육대학원의 심리학자 로버트 브룩스(Robert Brooks)는 "아이의 정서는 매일 듣는 부모의 말투와 반응에서 길러진다."고 말한다. 같은 상황에서도 "왜 또 안 했어?"라는 비난의 말보다 "어떤 부분이 어려웠어?"라는 질문은 전혀 다른 반응을 이끌어낸다. 전자는 아이를 위축시키고, 후자는 신뢰를 쌓는다. 한 초등학생은 "엄마가 요즘은 '왜 그랬어?' 대신 '어떤 마음이었어?'라고 물어봐요. 그래서 나도 기분이 덜 나빠요"라고 말했다. 아이들은 부모의 말 한마디에서 자신에 대한 태도와 사랑을 느낀다.

미국 심리학자 토머스 고든(Thomas Gordon)은 "아이와의 관계에서 가장 중요한 것은 지시가 아니라 협력"이라고 강조한다. 부모가 "이걸 해!"라고 명령하는 대신 "이걸 먼저 할래, 아니면 저걸 먼저 할래?"처럼 작은 선택권을 줄 때, 아이는 통제받는 대신 주도권을 느낀다. 자율성과 책임감은 이렇게 키워진다. 한 어머니는 이렇게 말했다. "요즘은 숙제하라고 하기 전에, 그냥 아이에게 물어봐요. '몇 시쯤 할 거야?'라고. 그랬더니 스스로 하려고 하더라고요."

부모가 바뀌면 아이의 행동도 바뀐다. 아이는 지시를 잘 따르는 아이가 되기보다, 스스로 결정하는 아이가 되기를 원한다. 자율성은 아이의 자신감과 문제 해결력을 기르는 핵심 요소다.

비워주는 시간, 관계를 채우는 시간

대한민국은 늘 바쁘다. 아이도 마찬가지다. 공부, 학원, 수행평가, 프로젝트, 입시 준비까지 쉴 틈이 없다. 어느덧 노는 시간은 사치처럼 여겨지고, 아무것도 안 하는 시간은 게으름처럼 느껴진다. 그러나 그 공백의 시간이야말로 아이에게 꼭 필요한 정서적 공간이다.

+ 한국 아동의 일과 시간 분포 (평균)

활동	일일 평균 시간(분)
학교 수업	300
학원 및 과외	180
숙제 및 자율 학습	90
놀이 및 여가 활동	40

출처: 한국청소년정책연구원(2022). 『아동·청소년 생활시간 실태조사』

대한민국 '멍때리기 대회'의 문구는 우리에게 큰 울림을 준다.
"무념무상, 아무것도 하지 않는 사람이 1등이 된다."
대회의 규칙은 단순하다. 90분 동안 아무것도 하지 않고, 어떤 생각도 하지 않으며, 멍한 상태를 유지하는 것이다. 한 참가자는 "끝나고 나니 마음이 고요해졌고, 나를 돌아볼 수 있는 시간이 되었다"고 전했다.
우리 아이들도 그렇다. 주말에 아무것도 하지 않고 누워 있던 초등학생이 말했다.

"엄마, 그냥 이렇게 있으니까 기분이 좋아졌어."
이것은 게으름이 아니라 정서 회복의 한 방식이다. 아이는 그 순간 자기 안의 감정을 스스로 정리하고 있었다. 바쁜 일정을 잠시 멈추는 것, 그 안에 아이의 행복이 자라고 부모의 행복도 숨 쉴 수 있게 된다.
아이들은 놀이를 통해 감정을 조절하고, 상상력을 키우며, 관계를 배우고, 자신을 탐색한다. 그래서 우리는 아이에게 지식만 채워주려 하기보다, 여백과 놀이, 쉼의 시간을 함께 나눌 수 있어야 한다.
그 안에서 아이는 다시 자라난다.

작은 변화, 그러나 가장 확실한 변화

우리는 모두 좋은 부모가 되고 싶다. 하지만 좋은 부모는 실수하지 않는 사람이 아니라, 실수한 뒤에 그것을 돌아보고, 반성하고, 다음에는 더 나아지려 노력하는 사람이다. 아이는 완벽한 부모보다 진심으로 애쓰고 변화하려는 부모를 통해 신뢰와 사랑을 배운다.
부모가 바꾸는 작은 태도 하나가 아이에게는 평생 영향을 주는 기준이 된다. 말투 하나, 반응 하나, 질문 하나가 아이의 내면에 씨앗처럼 뿌려진다. 그리고 그 씨앗은 시간이 지나면 자존감, 책임감, 정서적 안정감이라는 열매로 자란다.

우리는 아이의 성적도, 친구도, 미래도 모두 바꿔줄 수는 없다. 하지만 오늘 내가 아이를 대하는 태도는 바꿀 수 있다. 그것이 아이에게는 세상을 바꾸는 힘이 될 수 있다.

이 변화는 결코 쉽지 않다. 매일 반복되는 일상 속에서, 지치고 흔들리는 순간에도 부모로서 조금씩 나아지고 있다는 믿음이 필요하다. 오늘 하루, 내가 아이에게 어떤 말투를 썼는지, 어떤 눈빛으로 바라보았는지를 돌아보자. 그리고 다짐해 보자.

"내가 먼저 바뀌면, 아이도 달라질 수 있다."

부모의 변화가 가장 현실적이고, 가장 확실한 교육이다.

당신의 변화가 만드는 내일

우리는 종종 아이의 문제를 해결하기 위해 더 많은 정보를 찾고, 더 좋은 교육을 고민하며, 끝없는 조언을 구한다. 하지만 진짜 변화는 아이를 보는 우리의 시선에서 시작된다. 지금 내가 내 아이를 어떻게 바라보는가, 어떤 말투로 말하는가, 아이의 실수를 어떤 감정으로 받아들이는가에서 모든 변화는 싹튼다.

이제 우리에게 묻는다.

"나는 오늘 아이에게 어떤 부모였는가?"

"내가 오늘 내 아이에게 남긴 말과 눈빛, 그게 진심이었는가?"

이 질문 앞에 솔직해질 수 있다면, 우리는 이미 변화의 길에 들어선 것이다. 완벽하지 않아도 괜찮다. 다만, 매일 조금씩 나아가려는 용기, 그것이면 충분하다.

부모가 된다는 것은 완성된 존재가 되는 것이 아니다. 매일 실수하고, 매일 다시 배우고, 매일 다시 사랑을 선택하는 일이다. 우리는 오늘도 어른으로서, 부모로서 조금 더 나아지고자 분투하고 있다. 그리고 그 분투의 중심에는 아이가 있다.

아이의 삶은 우리가 말하는 단 한 문장으로도 흔들린다. "괜찮아"라는 말이 될 수도 있고, "다시 해보자"는 격려가 될 수도 있다. 그러니 말 한마디, 시선 하나, 반응 하나에 진심을 담아보자. 그것이 아이에게는 세상을 향한 믿음의 밑바탕이 된다.

오늘 아이의 눈을 더 오래 바라보고, 조금 더 다정한 말투를 써보고, 아이의 이야기에 귀 기울여보자. 그 작지만 확실한 변화가 내일을 바꾼다. 당신의 변화가 만든 오늘은 아이의 인생에서 가장 따뜻한 기억이 된다.
그리고 그 기억이 쌓여 아이는 사랑받는 존재로 성장해 나간다. 우리 모두가 그런 변화를 선택할 수 있다는 것, 그것이 부모됨의 가장 위대한 가능성이다.

학부모로서, 나는 무엇을 할 수 있을까?

부모는 자녀와 함께 성장하는 존재다

좋은 부모란 어떤 모습일까?

아이들이 커가면서 '나는 학부모로서 무엇을 할 수 있을까? 아니 어떤 부모가 되어야 할까'라는 생각을 하며 스스로 좋은 아빠가 되고자 나름대로 생각을 실천하고 있었다.

첫 직장에서 해외 연수를 통해 여러 나라를 경험했다. 연수 중 일본 디즈니랜드, LA 유니버설 스튜디오, 캐나다 토론토의 나이아가라 폭포를 보며, 결혼해서 언젠가 꼭 아이들과 함께 오고 싶다는 생각을 했고, 결혼 후 그 약속을 하나씩 지켜나가고 있다.

처음엔 넓은 세상을 보여주고 싶다는 마음이 컸지만 여행은 아이들과 깊이 있는 대화를 하고 서로를 이해하는 소중한 시간이 되었다. 새로운 자극과 경험은 아이들에게 관심과 목표를 만들어주는 계기가 되었고, 지금 성인이 된 아이들과 그 시절 이야기를 나누며 즐거웠던 그 시간을 추억한다.

그 기억은 우리 가족의 정서적 자산으로 남았다. 지금도 아이들과 그때의 여행 이야기를 꺼내며 웃는다. 그리고 나는 생각한다.

"좋은 부모란, 완벽한 부모가 아니라 함께 시간을 쌓아가는 사람 아닐까?"

사실 나는 '좋은 부모는 어떻게 해야 하는가?'에 대해서 배운 적이 없다. 그냥 아이들과 함께 하는 것이 좋아서 자연스럽게 여행도 다니고 대화도 많이 나누었다. 무엇인가 해야 한다는 압박감도 있었던 것 같기도 하다.

많은 부모들이 나처럼 '부모의 역할'에 대해 제대로 배워본 적 없이, 각자의 방식으로 아이들을 키우고 있는 것 같다. 이제는 '좋은 부모란 무엇인가'에 대해 진지하게 고민하고 구체적으로 배워야 할 때이다.

부모로서 꼭 해야 할 세 가지 실천

결혼을 하고 아이가 생기면 자연스럽게 부모가 되는 줄 알았지만, 그건 착각이었다.

첫아이가 태어났을 땐 막연히 '사랑으로 키우면 되지'라고 생각했다. 하지만 아이가 자라고, 질문이 늘어나고 성격이 뚜렷해지면서 나는 점점 당황했다.

아이의 감정을 어떻게 읽어야 할지, 잘못된 행동에 어떻게 반응해야 할지, 미래를 어떻게 준비시켜야 할지… 부모가 되는 건 인생에서 가장 큰 전환점이지만, 누구도 그 변화에 앞서 가르쳐 주지 않는다.
우리는 부모가 되기 전 부모 역할에 대해 배운 적이 거의 없다. 사회는 빠르게 변하고 있다. 기술, 문화, 일자리, 인간관계까지 아이들이 살아갈 세상은 우리가 살아온 과거와 전혀 다르다. 그래서 부모도 함께 배워야 한다. 아이들과 함께 성장할 수 있어야 한다. '예전엔 이랬는데'라는 말이 통하지 않는 시대가 되었다. 우리는 아이가 아니라 나 자신부터 계속 배우고 바뀌어야 한다.
부모로서 꼭 해야 할 3가지를 제안해 본다.

첫째, 배우는 부모가 되자.

아이들이 학교에서 공부하고 부모는 직장에서 업무를 위해 교육을 받는다. 그런데 좋은 부모 역할을 위해 우리는 무엇을 배우고 있을까? 아이에게 "공부해라"라고 말하면서 정작 나는 좋은 부모가 되기 위해 얼마나 공부하고 있는가?
과거엔 부모 교육이라는 말조차 생소했다. 하지만 지금은 교육청, 지방자치단체, 온라인 강의 플랫폼 등에서 다양한 방식으로 부모 교육을 제공한다. 내가 경험한 몇 번의 부모 교육이 나에게 변화의 기회가 되었고 많은 도움을 주었다. 그리고 지금은 부모 교육 강사로 나의 경험을 다른 부모들과 나누고 있다. 그 과정 속에서 깨달았다.
"부모로서 배우는 것만큼 내 아이에게 진심을 보여줄 수 있는 길은 없다."

배움은 겸손이고 성장에 대한 의지다. 부모가 배우는 모습을 아이가 보는 순간, 그 자체가 교육이다.

둘째, 진로는 부모와 함께 탐색하는 여정이다.

대한민국에는 많은 직업이 존재하지만 아이들이 아는 직업은 그중 아주 일부분이다. 아이들이 접할 수 있는 세계는 아직 좁기 때문이다. 또한 우리 아이들이 진짜 원하는 직업에 대해 구체적인 정보를 얻는 건 쉽지 않다. 그래서 부모들이 아이의 진로를 함께 탐색하는 동반자가 되어야 한다.

진로 흥미 검사를 같이 해보고 다큐멘터리를 함께 보며 이야기를 나누고, 관심 분야에 있는 직업인 인터뷰를 함께 찾아보며 아이의 눈높이를 조금씩 넓혀주는 것.

이러한 작은 실천이 모이면 아이는 진로를 혼자 결정해야 하는 두려운 문제가 아니라, 함께 탐색할 수 있는 과정으로 받아들이게 된다.

셋째, 우물 안 개구리가 되지 말자.

아이를 키우면서 휴가를 내서 아이들과 여행을 다니고 다양한 행사에도 참석했다. 나는 "나 같은 아빠가 또 있을까?"라는 자부심도 있었다. 그러나 부모 교육을 들은 뒤 부모 교육 강사로 활동하며 생각이 바뀌었다.

어느 날 갑자기 휴가를 내고 아이를 위해 제주도로 떠나는 아빠, 자녀의 진로를 위해 학교 선생님과 일반 직장을 다니는 아빠들이 함께 모임을 만들어 스터디를 하는 부모님들을 만나며 나는 깨달았다. 나는 우물 안의 개구리였다. 나름 최선을 다했다고 생각했지만 세상엔 나보다 더 열심히 고민하고 실천하는 부모들이 많았다. 그 순간 더 나은 부모가 되기 위한 여정을 새로 시작할 수 있었다.

자각은 변화의 출발점이다.
이제 부모는 단지 아이의 후원자로 머물 수 없다. 학원을 보내고, 물질적으로 뒷받침해 주는 것만으로는 부족하다. 우리는 아이의 성장을 함께 고민하고 진로를 함께 탐색하며 삶을 함께 그려나가는 동행자가 되어야 한다.
완벽한 부모는 없다. 하지만 배우려는 부모, 도전하려는 부모는 있다.
아이의 이야기를 귀 기울여 듣고 더 많이 대화하려 노력하는 것. 혼내기보다는 함께 해결책을 찾으려는 작은 변화가 진짜 부모가 할 수 있는 '성장'이다.

나는 어떤 부모로 기억되고 싶은가

'나는 학부모로서 무엇을 할 수 있을까?'
이 질문은 결국 더 깊은 질문으로 이어진다.

'나는 어떤 부모로 기억되고 싶은가?'
그 답은 거창하지 않다. 아이와 함께 걸었던 산책길, 학교 발표회에서 아이의 성장에 벅찬 감동이 있던 날 저녁 식탁에서 함께 웃던 그 시간 속에 있다. 우리는 오늘도 부모로서의 하루를 만들어가고 있다. 아이는 자라고 부모도 자란다. 그리고 우리는 매일 선택할 수 있다. 오늘 더 잘 듣고, 오늘 더 이해하려 하고, 오늘 더 함께 성장하려는 그 마음이면 된다.

나는 오늘, 아이를 더 잘 이해해 보겠다.

나는 오늘, 부모로서 다시 배워보겠다.

이 결심 하나면 충분하다. 부모로서의 길은 끝이 없다. 그리고 이 세상 그 무엇보다도 어려운 길이다. 하나의 정답이 없고 각자의 아이들에게 맞춤형 정답이 있기 때문이다.

지금 이 순간부터 우리 아이를 위한 부모로서 준비를 시작해 보자.

마음 한 칸, 생각 메모

마음이 들려주는 이야기를 남겨 보세요.

제 5 장

선생님들의 침묵과 우리 아이

상처입은 교사, 침묵하는 교사

2023년 7월, 서이초의 비극은 오랜 시간 굳게 닫혀 있던 교사들의 오랜 침묵을 흔들었다. 젊은 교사가 자신의 교실에서 생을 마감한 그날. 우리는 모두 깨어났다. 침묵이라는 이름의 방패는 무너졌고, 마음속 외침이 세상 밖으로 쏟아졌다. 소리 없는 아우성으로 묵묵히 살아가던 교사들이 반기를 들었다. 이 사건은 단지 한 사람의 비극을 넘어 교사들이 처한 교육 현실의 깊은 상처와 그들의 침묵을 드러내는 계기가 되었다.

대한민국이 떠들썩 요동칠 무렵, 한 신규 교사가 9월 1일자 발령을 받았다. 1학년 교실에.
걱정된 선배 마음으로 교감 선생님께 조심스럽게 물었다.
"혹시 다른 대안은 없을까요? 꼭 그 교실로 보내야 할까요?"

돌아온 대답은 단호했다.
"뭐가 문제죠?"
"왜 안 된다는 거예요?"

침묵이 흘렀다. 학급 담임을 맡은 교사가 느끼는 무게와 관리자가 바라보는 현실의 무게는 분명히 달랐다. 서이초 사건 하나로 그 간극이 줄어들지는 않을 모양이다. 그렇게 또 하나의 침묵은 시작되었다. 처음부터 교사들이 입을 닫고 있지는 않았으리라 짐작해 본다. 인간은 본능적으로 생각을 표현하려는 존재다. 하지만 교사들이 그 본능을 거스르고 있다. 자신이 처한 사회적 환경에서 생존을 위한 자발적 선택, 혹은 외부의 강요에 의해.

말할 수 없는 구조

교사의 상처는 그동안 지극히 사적인 영역으로 치부되어 왔다. 학생과 학부모 사이에서 갈등이 발생하면, 그 책임은 결국 교사의 무능함이 원인이 되어 부메랑처럼 되돌아오는 경우가 많았다. 교사들은 홀로 상처를 감내하며 침묵을 선택할 수밖에 없었다. 상처는 드러내지 못한 채 속으로 곪아갔다.

"너 거기 딱 있어. 내가 지금 간다."

한 교사가 학부모로부터 들은 말이다. 전화기 너머로 들려오는 위협적인 목소리는, 교사를 향한 말이라고는 믿기 어려울 만큼 낯설고 폭력적이었다. 그 누구에게도 들어본 적 없는 이 무례한 말은 트라우마가 되었다. 그 상처는 쉽게 치유되지 않는다. 더 큰 문제는 학년이 끝나기 전까지 이런 트라우마를 만든 관계 속에서 일상을 계속 이어가야 한다는 현실이다. 교사들은 반복되는 접촉 속에서 상처를 다시 마주하고, 다시 감내하게 된다.

하지만 교사들은 알고 있다. 학부모의 마음이 전혀 이해가 되지 않는 것은 아니다. 혹시라도 우리 아이가 손해를 보지는 않을까, 괜히 교사에게 미운털이 박히진 않을까. 그 걱정과 불안, 아이를 지키고 싶은 마음에서 비롯된 조심스러움이 때로는 방어가 되고, 거리가 되고, 날카로움이 될 수 있다는 것도 이해한다. 하지만 그 거리감은 결국 우리 모두를 외롭게 만들고 있다. 교사도, 학부모도, 그리고 무엇보다 아이도.

침묵이라는 선택, 꺼낼 수 없는 진심

교사는 불평을 해도 되는 사람일까? 사람들은 교사의 하소연에 쉽게 너그러워하지 않는다. "그게 교사가 할 일이 아니냐"는 한마디가 교사의 입을 막는다. 그 말은 언제나 교사의 하소연을 죄책감으로 바꿔버렸다. 많은 교사가 자신이 겪는 어려움이나 고통을 쉽게 꺼내지 못하는 이유는 그 고충을 드러냈을 때 문제가 있는 사람으로 보일까 두려워서다. 이 두려움은 사회적으로 침묵을 강요하는 분위기가 만들어내 더욱 깊어진다.

교사의 고통은 동료 교사의 무심한 말, 관리자들의 무관심, 학부모들의 신뢰 부족에서 비롯된다. 그리고 교사들이 힘들고 외롭다는 사실을 아무도 알지 못하는 현실은 그 상처를 더욱 깊게 만든다. 타인의 고통에 무관심한 사회 속에서, 그들의 상처는 점점 더 커지고 그 침묵은 사회 전반에 퍼져나가고 있다.

학교의 문화도 크게 다르지 않다. 지극히 평범하고 상식적인 사람들이 교사라는 이름을 달고 있지만 그들조차 서로의 상처 앞에서는 한걸음 물러선다. 교사 문화를 탓하려는 것이 아니다. 우리 사회에 만연한 '나만 아니면 돼'라는 생존 논리에 교사들마저 적응해 버린 결과일 뿐이다. 나 역시 예외가 아니다. 부끄럽지만 이렇게 고백한다.
"그 아이만, 우리 반이 아니었으면…"
무심결에 스치는 그 마음에 나 자신이 놀라곤 한다.

아델베르트 폰 샤미소의 소설 『그림자를 판 사나이』를 떠올려 교사들의 침묵을 설명하자면, 교육 시스템과 사회적 압력 속에서 교사들은 본래의 자아와 함께 '그림자'까지 잃어버린다. 내면의 고통과 갈등조차 침묵으로 묻어버린 채, 마치 그림자가 없는 존재처럼 자신이 누구인지, 무엇을 원하는지조차 모른 채 사회가 요구하는 모습에 맞춰 살아간다.

하지만 이 침묵은 교사만의 문제가 아니다. 교사와 마주하는 학부모와 학생 역시 그 안에 있다. 학부모는 선생님과 가까워지고 싶고, 내 아이 이야기를 더 나누고 싶지만, 선생님이 그 기회를 살짝 피해가는 듯한 태도에 당황하고 어쩐지 씁쓸함을 느낀다. 교사이자 학부모인 나 역시 비슷한 마음을 안다. 하지만 교사들이 무엇을 조심하고 무엇을 걱정하는지 알기에 그 마음을 아쉬움으로 남겨둔다. 학부모는 교사의 침묵을 이해하기 어려울 수도 있다.

때로는 그 침묵이 무관심이나 무책임으로 보일 때도 있다. 하지만 그 안에는 작지만 단단한 배려가 숨어 있다. 아이 앞에서는 학부모의 걱정을 짧게 듣고 넘긴다. 아이의 마음이 상처받지 않도록 문제 상황에서도 쉽게 말하지 않는다. 말 한마디가 누군가에게 깊은 상처가 될 수 있음을 너무 잘 알기에 좋았던 관계에서 나눴던 대화들이, 갈등이 생기면 교사를 향한 날카로운 칼날이 되고, 쌓아 올린 추억이 양날의 검으로 돌아오는 현실. 그래서 학부모도, 교사도 모두 서운하다.

어른들의 갈등 사이에서 아이들은 무엇을 느끼고 있을까? 말하지 않지만, 가장 먼저 감지하는 존재일지도 모른다. 어쩌다 이렇게, 누구도 만족하지 못하는 일상이 오래도록 이어지고 있는 걸까? 교사가 말을 아낄 때, 그 침묵 뒤에 깊은 고민이 숨어 있는 것은 아닐까? 아이를 지키기 위한 마지막 선택이 아니었을까? 한 번쯤, 그렇게 되짚어보면 어떨까.

교사의 침묵은 무기력함이 아니다. 어쩌면 무너지지 않기 위해 간신히 스스로를 붙잡는 마지막 선택일지도 모른다. 한 걸음 다가서는 학부모의 따뜻한 시선, 조심스레 꺼내는 교사의 진심. 그 작은 움직임이 우리를 사람다움이 살아 있는 교육 공동체로 이끌 것이다.

작은 리추얼의 부활, 연결의 시작

교사들의 침묵을 개인 문제가 아닌 사회 시스템과 문화 부재의 결과로 보자. 철학자 한병철은『리추얼의 종말』에서 일상적 의례가 사라지면서 인간관계가 파편화된다고 했다. 매일 안부를 묻거나, 함께 식사하는 작은 리추얼이 유대감을 키우고 마음을 안정시킨다. 오늘날 이 리추얼이 사라지면서 교사들의 상처와 침묵이 더 커졌을 수 있다.

교사와 학부모는 '아이의 행복한 성장'이라는 공동 목표를 위해 함께 나아가야 한다. 리추얼을 회복하면 학교가 따뜻한 공간으로 바뀔 수 있다. 소통은 '막힌 것을 트는 것'이다. 고정관념을 내려놓고 상대의 이야기를 들어야 한다. 그러나 우리는 종종 내 말만 한다. 진정한 소통과 공감에는 '경청'이 필요하다.

학부모 소통 지원단이 확대되어 학부모가 중재하고 서로의 이야기를 들으며 '내 아이'가 아닌 우리 아이들을 키우려는 노력이 필요하다. 교사 감정을 이해하는 학부모 교육 프로그램과 '소통 브릿지 프로젝트' 같은 갈등 예방 워크숍도 좋은 방법이다. 작은 리추얼이 다시 살아나면 교사는 고립에서 벗어나고, 학부모는 오해 대신 이해를, 아이들은 연결을 경험할 것이다.

학기 초의 짧은 인사, 아이의 작은 성장을 공유하는 메모, "요즘 괜찮으세요?"라는 다정한 말 한마디. 이런 작고 사소한 의례들이 끊어진 신뢰를 잇는 다리가 될 수 있다. 작은 리추얼은 단지 형식이 아니라 무너진 관계를 세우는 첫걸음이다.

기대와 현실 사이, 교사는 누구인가

사회가 교사에게 요구하는 역할과 기대는 종종 과중하고 비현실적이다. 교사들의 고통이 개인 문제로 축소되지 않도록 사회 인식 전환이 필요하다. 교육 본질과 교사의 역할도 다시 정의해야 한다.

교사는 지식 전달자가 아니다. 학생들의 정서적·사회적 성장을 보살피는 존재다.
우리는 '교사'를 어떻게 바라보는가? 직업적 요구와 사회적 역할 간 간극을 교사 개인에게만 메우라 하는가? 무조건적인 희생과 헌신을 요구하는 사회는 또 다른 폭력이 아닐까? 교사에게 주어지는 사회적 지위와 보상이 그들의 인간 존엄을 충분히 존중하는지 돌아봐야 할 때다.

엇갈린 시선

동네 과일 가게 앞에 사과 한 개가 놓여 있었어. [...]

홍홍홍. 사람들은 나를 보고 저마다 다른 생각을 해.
그러니깐 백 명이 나를 보면,
나는 백 개의 사과가 되는 거야.
홍홍홍. 그래서 난 한 개지만 백 개인 사과야.

-『하나라도 백 개인 사과』 발췌

이 이야기는 학부모 교육을 할 때, 제일 먼저 들려주는 이야기다. 『하나라도 백 개인 사과』 단 하나의 사과를 두고, 보는 사람의 시선에 따라 다들 다르게 이야기한다. 같은 사과인데, 전혀 다른 사과에 대한 이야기들이 이어진다.

나는 이 사과가 우리 아이들 같다고 생각한다. 이 사과처럼, 같은 아이를 두고, 보는 사람마다 각자 다른 이야기를 한다. 하나의 사과가 백 개가 되듯, 우리 아이도 각기 다른 시선에 따라 여러 모습으로 보인다. 누군가는 그 아이의 성적을 보고 걱정하고, 누군가는 그 아이의 사회적 성장을 걱정하며, 또 다른 누군가는 그 아이의 마음을 돌보려고 한다. 나는 그 시선이 모두 틀린 건 아니라고 생각한다. 단지, 그 시선이 다를 뿐이다.

그런데 그 차이를 인정하는 것이 우리에게 가장 중요한 첫걸음이 아닐까? 학부모와 교사에게 묻고 싶다. 우리가 같은 아이를 키우고 있는 것이라면, 서로가 다른 시선에서 바라보고 있다는 것부터 인정해야 하지 않을까? 그렇다면, 우리가 다르게 보며 다르게 행동하는 이유는 무엇일까? 그것이 아이에게 어떤 영향을 미칠 수 있을까?

소통, 그 안에 감춰진 보이지 않는 선

학교에서 전화가 오면 가슴이 덜컥 내려앉는다. 좋은 일로는 전화가 오지 않는다는 사실을, 우리는 이미 경험으로 잘 알고 있기 때문이다. 그래서 전화를 하겠다는 사전 예고가 필요하다는 생각이 든다. 서로 마음의 준비가 된 상태에서 마주해야 오해가 줄어들 수 있다.

"연락드릴까 말까 고민했어요."
"왜 그걸 이제야 말씀하세요?"

상담 자리에서 자주 오가는 말이다. 아이의 학교생활이 걱정되어 전화를 걸까 고민하다가도, '혹시 괜한 민폐가 되지는 않을까' '예민한 부모처럼 보이지 않을까' 하는 걱정에 타이밍을 놓친다. 그렇게 일이 커진 뒤에야, 결국 망설임을 떨치고 말을 꺼내게 된다. 반대로 교사 역시 마찬가지다. 아이가 수업에 집중하지 못하거나 친구와의 관계에 어려움이 있을 때, 바로 부모님께 알려야 할지 고민하게 된다. 괜한 걱정을 키우는 건 아닐지, 혹시 '우리 아이가 문제아인가요?'라는 오해를 살까 조심스럽다. 그러다 보면 진심과 진심 사이에 보이지 않는 거리와 오해가 생겨버린다.

학부모는 아이의 이야기를 어디까지 공개하고, 어디까지 공유해야 할까? 교사이자 학부모인 나 역시 쉽게 대답하기 어렵다. 사람마다 성향이 다르기 때문이다. 똑같은 이야기를 듣더라도 받아들이는 감정과 해석은 모두 다르다. 부모 입장에서야 내 자식이 무조건 좋게 보일 수밖에 없다. 물론 부족한 점도 알고 있겠지만, 좋은 마음에 가려 그 단점은 작고 흐릿하게 느껴진다. 교사가 그 부분을 건드리면, 고맙기보다는 기분이 상하기도 한다. 교사의 의도가 나쁜 게 아니라는 걸 알아도, 부모의 마음은 쉽지 않다. 이건 자식을 키운 경험이 있는 부모라면 고개를 끄덕일 수밖에 없을 것이다.

학부모와 교사의 소통은 일반적으로 '상담'이라는 이름으로 이루어진다. 그 상담에서는 목적이 분명해야 한다. 아이의 '성장'이라는 공통된 목적을 놓치지 않아야 한다. 그래서 서로에게 도움이 되는 정보는 일정 부분 공유해야 한다. 단, 이때 중요한 건 서로의 역할 안에서의 존중이다. 자신의 권한을 넘어서는 간섭이 아니라, 도움을 주고받기 위한 '연합'이 되어야 한다. 어쩌면 학부모는 '내가 아이를 맡긴 죄인인가' 싶어 작아질 수 있다. 하지만 교사 역시 마찬가지다. 아이가 교실, 더 나아가 학교라는 공간에 잘 적응하고 무리 없이 생활해 나가는 것이 교사에게도 큰 도움이 된다. 학부모의 도움이 절실한 순간이 있다. 특히 배움이 느리거나 적응이 어려운 아이의 경우, 가정과의 협력이 중요하다.

그런데 현실은 반대다. 도움이 그리 절실하지 않은 아이의 부모는 오히려 적극적이고, 정말 도움이 필요한 아이의 부모일수록 학교와 교사를 회피하는 경우가 많다. 내 아이가 부족하다고 느껴질수록, 학교에 나서기가 힘들고 괜히 부끄럽다. 그렇다고 뒤로 물러서 버리면, 결국 손해는 아이가 본다.
부끄러운 것은 지극히 학부모의 개인적인 감정이다. 교사는 아이들을 그렇게 쉽게 비교하지 않는다. 교실 안은 각자 다른 배경, 다른 개성을 가진 아이들의 각개전투의 장이다. 교사는 누구보다 그 사실을 잘 알고 있다. 그리고 '내 자식은 내 마음대로 자라지 않는다'는 것을, '아이가 커갈수록 부모가 할 수 있는 것이 많지 않다'는 것을 절실히 체감하며 살고 있다.

초등학교에 입학한 첫 자녀를 둔 학부모는 기대와 자신감이 넘친다. 그러나 아이가 성장하고 시간이 흐를수록, 그 기대감은 점차 현실과 맞닥뜨리며 약해져 간다. 그래도 절대 포기하지 말아야 할 건 성적이 아니라, 아이가 사회에 적응해가는 과정에서 교사와 협력하는 일이다. 그 순간들이 결국 아이의 삶을 단단하게 만든다.

왈츠는 두 사람이 함께하는 춤이다. 그중 한 명은 리더가 되어 리듬을 이끌고, 다른 한 명은 그 흐름에 맞춰 춤을 춘다. 이때 중요한 건 서로를 믿고 의지하는 관계다. 교사와 학부모는 학생의 성장이라는 왈츠 한 곡을 완성하기 위해 손을 맞잡은 한 쌍이어야 한다. 혼자 추는 춤이 아니라, 함께 걸음을 맞추는 춤 말이다. 처음엔 어색하고 걸음도 다를 수 있다. 하지만 서로의 몸짓에 익숙해지고, 리듬을 맞추게 될 때, 우리가 함께 꿈꾸는 이상적인 소통을 맞이하게 된다.

마음을 여는 빠른 한 걸음

교사와 학부모 사이에서 가장 중요한 요소는 바로 신뢰다. 이 신뢰는 단순한 약속이나 말 한마디로 만들어지는 것이 아니다. 진심에서 우러나오는 작은 배려와 소통에서 시작된다. 교사였던 내가 학부모가 되었을 때, 비로소 알게 된 것들이 있다. 그때 마음속으로 결심을 했다.

"내 아이가 만나길 바라는 교사의 모습을, 내가 맡은 아이들에게도 똑같이 하자."

이 결심이 교사로서의 태도와 마음가짐을 바꾸어 놓았다. 그 후로 학부모와 아이에게 다가가는 일이 훨씬 더 자연스러워졌다. 예를 들어, 현장체험학습이 있는 날이면 문득문득 생각이 스친다. '지금쯤 도착했을까?' '차에서는 멀미 없이 잘 갔나?' 막상 교사에게 연락을 하자니 괜히 유별나 보일까 망설여지는 것이 학부모의 마음이다. 그 마음을 누구보다 잘 알기에, 먼저 학부모에게 연락을 한다.

"○○시에 출발했으며, 차에서 별 탈 없이 잘 가고 있습니다. 현장학습지에 곧 도착할 예정입니다. 궁금하실까 봐 연락드립니다. 아침에 많이 바쁘셨죠? 이제부터 제가 잘 챙길 테니, 편하게 커피 한 잔의 여유를 즐기세요."

그저 몇 줄의 메시지. 몇 분의 시간. 하지만 이 짧은 소통이 부모님의 마음에 큰 위로가 되어, 그들의 걱정을 덜어주기에 충분하다. 출발 전, 도착 후, 귀가 직전. 이 세 번의 짧은 소통만으로도 든든한 지원군이 될 수 있다. 그리고 이런 마음은, 아이가 아플 때도 마찬가지다. 아이가 조퇴를 하고 집으로 간 날이면 교사도 계속 마음이 쓰인다. '집에는 잘 도착했을까?' '병원에는 다녀왔나?' 때로는 부모의 마음보다 더 간절하게 염려되기도 한다. 그런 순간, 날아오는 짧은 메시지 하나가 큰 위로가 된다.

"선생님, @@이가 집에 잘 도착했어요. 병원에 다녀왔는데 독감이 맞다네요. 그래서 며칠은 학교에 못 나가요. 선생님도 독감 조심하세요."

나는 이 작은 소통을 '짧은 러브레터'라고 부른다. 그 작은 메시지는 교사와 학부모 모두, 서로의 진심을 전하는 '짧은 러브레터'가 된다. 때로는 학부모가, 때로는 교사가 서로 직접 묻지 않아도, 마음을 먼저 헤아려 세심한 배려를 건네는 일. 그것이야말로 진정한 소통이 아닐까?

교직 생활의 시간이 쌓일수록, 교사의 역할이 단지 아이를 가르치는 것에 머무르지 않는다는 사실을 점점 더 깊이 깨닫는다. 교사는 단지 아이를 가르치는 역할을 넘어서, 아이가 성장하는 과정에서 부모의 마음을 이해하고 존중하는 역할까지 담당한다. 그것이 바로 진정한 교육이다. 교사가 부모와 소통하는 방식은 아이에게도 고스란히 전달된다. 부모가 느끼는 안도감과 신뢰는, 그대로 아이의 마음에도 닿는다. 아이의 불안은 부모와 교사가 맺는 신뢰를 기반으로 조금씩 풀려간다. 결국 아이의 성장에는 교사와 부모가 서로를 믿고 이해하며 소통하는 자세가 꼭 필요하다는 사실을 다시금 느끼게 된다.

이 짧은 '러브레터'는 단순한 정보 전달을 넘어, 부모의 마음을 깊이 이해하고 있다는 신호가 된다. 아이의 안전이나 상태를 알려주는 그 안에 담긴 세심함과 배려는, 부모에게 무엇보다 큰 안도감을 안긴다. 그리고 그 안도감이 바로 신뢰의 씨앗이 된다. 이처럼 작지만 진심 어린 실천들이 쌓일수록, 교사와 학부모 사이에는 든든한 다리가 놓인다. 그 위에서 아이는 세상으로 나아가며, 더 나은 교육 환경이 만들어진다. 작은 배려가 쌓여가는 곳에, 교사와 학부모 간의 신뢰가 세워지고, 그 신뢰가 아이의 성장에 든든한 밑거름이 된다.

각자의 시선, 같은 곳을 향한 여정

교사와 학부모, 그들 사이의 소통은 때로 기대와 오해, 그리고 이해의 경계를 넘나든다. 그러나 그 경계를 넘을 수 있는 힘은 결국 진심으로 다가가려는 노력과 서로를 이해하고자 하는 마음에서 비롯된다. 내 아이를 사랑하는 마음, 우리 아이가 좋은 선생님을 만났으면 하는 마음. 이 두 마음이 같은 방향에서 출발하는 순간, 우리는 조금 더 쉽게 서로의 시선을 맞출 수 있다.

소통에서 가장 중요한 점은 상대방을 존중하고, 감정을 헤아리는 태도다. '선을 지킨다'는 것은 단순히 거리를 두는 것이 아니라, 상대의 입장을 배려하고 불편함을 줄이려는 노력의 표현이다. 교사는 학부모와의 소통에서 자신의 역할을 정확히 인식하고, 때로는 더 많은 설명과 공감을 통해 학부모가 안심할 수 있도록 도와야 한다.
학부모는 교사의 입장을 이해하려 노력하며, 관계 속에서 불필요한 오해나 갈등을 피하려는 태도를 갖춰야 한다. 여기서 '상대방의 눈높이에 맞춘다'는 것은 단순히 상대가 듣고 싶어하는 말을 하는 것이 아니다. 서로의 입장, 경험, 지식수준을 고려해 가장 잘 이해하고 받아들일 수 있는 방식으로 소통하는 것을 의미한다. 이러한 태도가 대화의 품격을 높인다. 품격 있는 대화란, 상대방을 진정으로 이해하고, 그들의 관심사와 필요에 맞춰 표현하는 것이다. 이를 위해 때로는 교사와 학부모 각자의 '고집'을 내려놓고, 표현을 '절제'할 필요도 있다.

당장의 불편함보다 장기적인 관계를 염두에 두고 대화를 이어가야 한다. 그 과정 속에서 우리는 언제나 이 대화를 통해 무엇을 얻고자 하는지, 그리고 이 대화의 진짜 목적이 무엇인지를 끊임없이 되새겨야 한다. 이러한 소통의 선은 단순히 지켜지는 것이 아니라, 끊임없는 노력과 상호 이해 속에서 만들어지는 것이다. 교사는 상황에 따라 적절한 소통 방식을 선택해야 하며, 학부모는 교사의 말 속에 담긴 진심을 이해하려는 마음을 가져야 한다. '선'을 잘 지키는 순간, 소통은 단순한 정보 전달을 넘어 진정한 협력의 시작점이 된다.

언제나 그렇듯, 교사와 학부모가 갖는 시선의 차이는 존재할 수밖에 없다. 하지만 그 차이를 인정하고, 서로를 향해 조금씩 다가가려는 노력이 있다면, 그 시선의 차이는 오히려 소중한 배움의 기회로 바뀔 수 있다. 교사와 학부모가 더 가까이 다가가려는 노력을 멈추지 않을 때, 이렇게 하나하나 쌓인 작은 소통의 선들이 결국 우리 아이들에게 더 나은 내일을 만들어 줄 것이라 믿는다.

선을 지키는 슬기로운 대화법

소통은 단순히 말을 주고받는 것을 넘어, 말하는 시점과 방식, 그리고 그 안에 담긴 태도까지 포함된다. 특히 교사와 학부모 사이의 소통에는 보이지 않는 감정의 선, 역할의 선이 존재한다. 이 선을 인식하고 지키면서도 진심을 전하려면 어떤 태도가 필요할까?

역할의 선을 인식하고 존중하기

교사와 학부모는 아이의 성장을 위해 협력하는 중요한 파트너이다. 그러나 그 역할은 명확히 다르다. 교사는 학교에서 아이의 학습과 생활을 지도하고, 학부모는 가정에서 정서적 및 환경적 지원을 제공한다. 이 두 역할이 충돌하거나 겹치지 않도록 서로의 영역을 명확히 인식하고 존중하는 자세가 중요하다. 학교에서의 교육과 가정에서의 지원이 조화를 이룰 때, 아이의 성장에 큰 시너지가 발생한다.

예를 들어, 학교에서는 공공의 장소에서 예의를 지키도록 가르친다. 많은 사람이 함께 사용하는 공간에서는 기본적인 예절을 지키는 것이 중요하다는 것을 이론적으로 가르치지만, 실천은 학부모와의 협력을 통해 이루어진다. 아이가 공공장소에서 테이블에 발을 올리는 행위를 한다면, 부모는 아이에게 그 행동이 부적절하다고 알려주고, 올바른 행동을 할 수 있도록 피드백해야 한다. 내 아이의 편안함이 우선이 되는 마음은 이해되지만, 학부모는 학교에서 배운 가치가 가정에서도 실천될 수 있도록 도와야 한다.

소통에서의 '선'은 시간과 방식에서도 지켜져야 한다. 갑작스러운 연락이나 예고 없는 방문은 상대에게 부담이 될 수 있다. 교사가 학부모에게 상담을 요청할 때는 미리 연락하여 시간을 조율하는 것이 기본적인 예의다. 예를 들어,
"안녕하세요. 다음 주 월요일쯤 ○○와 관련해 상담을 진행하고 싶어 연락드립니다. 아이의 학교생활에 대해 함께 이야기 나누면 좋겠습니다. 편하신 시간 알려주세요."

학부모 역시 자녀의 학교생활이 걱정될 때, 갑작스러운 전화보다는 아래와 같이 예의를 갖춘 메시지를 남기는 것이 바람직하다.
"선생님, 늘 수고 많으십니다. @@이 엄마입니다. 선생님과 상담을 드리고 싶은데요, 언제쯤 가능하신지요? 선생님께서 편하신 시간을 알려주시면 그 일정에 맞추겠습니다. 답변 기다리겠습니다."

이처럼 여유 있는 예고는 상대에게 감정적으로 준비할 시간을 주며, 더 건강하고 건설적인 대화를 이끌 수 있다.

감정보다 사실 중심의 대화

진심 어린 대화가 감정에 기반할 수는 있지만, 갈등을 해결하거나 문제를 논의할 때는 감정보다는 사실과 상황에 집중하는 것이 중요하다. 예를 들어, 교사가

A: "아이 성적이 떨어져 걱정됩니다."
A와 같이 말하면 감정이 앞서는 인상을 줄 수 있다. 그 대신,

B: "최근 성적이 이전보다 낮아졌습니다. 함께 해결 방안을 찾아보면 좋겠습니다."
B처럼 표현하면 더 건설적인 방향으로 소통할 수 있다. 학부모도 마찬가지다.

A: "왜 우리 아이만 이런가요?"
B: "아이에게 어떤 도움이 필요할지 함께 고민하고 싶습니다."
A보다 B와 같은 해결 중심의 소통이 문제를 더 원활하게 풀 수 있도록 돕는다.

소통의 바탕은 결국 신뢰다. 교사와 학부모가 서로의 역할을 존중하고 협력할 준비가 되어 있을 때, 진정한 소통이 가능해

진다. 예를 들어, 아이가 학교에서 문제를 일으켰을 때, 교사는 그 상황을 정확하게 설명하고, 학부모는 비난보다는 협력의 자세로 함께 해결하려는 태도를 보여야 한다. 요구나 지시보다는 제안과 이해를 중심으로 관계를 형성해 나갈 때, 아이를 위한 진정한 교육 공동체가 만들어진다.

작은 이야기에서 시작되는 진짜 소통

소통은 거창한 자리가 아닌, 작은 일상 속 이야기들에서부터 시작된다. 아이의 작은 변화나 사소한 에피소드를 나누는 대화가 때로는 큰 신뢰의 씨앗이 되기도 한다. 불편하고 민감한 이야기도, 자주 마주하고 나누면 조금씩 부드러워진다. 자주 이야기하는 교사와 학부모 관계는 갈등 상황에서도 쉽게 흔들리지 않는다. 교사와 학부모가 서로의 역할을 이해하고, '선을 존중'하면서도 '진심을 나누는 대화'를 나눌 때, 아이는 가장 든든한 환경에서 성장할 수 있다.
그 출발점은,
✔ 사전 준비 ✔ 감정의 조절 ✔ 상대에 대한 배려이다.

선을 지키는 슬기로운 대화, 그것이야말로 아이의 성장을 위한 가장 단단한 연결고리가 되어줄 것이다.

교사가 흔들리면 아이도 흔들린다

2024년 10월, PD수첩은 전주 M초등학교 5학년 교실에서 벌어진 '여섯 번째 담임교사 교실 이탈 사태'를 집중 조명했다. 학교 교사들은 이 사태가 두 학부모의 지속적인 민원에서 비롯되었다고 전한다. 2024년 한 해 동안, 학부모 A씨와 B씨는 각각 113회, 61회에 걸쳐 학교에 전화를 걸었다. 교사가 자녀의 자세를 바로잡아 준 것을 아동학대라고 주장하거나, 자녀 위주의 세심한 보살핌이 부족하다며 학교를 강하게 항의했다. 심지어 생활기록부 내용을 자신들의 요구에 맞춰 수정해 달라는 요청까지 이어졌다. 두 학부모가 쏟아낸 민원은 교사들에게 막대한 부담이 되었고, 결국 5학년 교실은 정상적인 교육과정 운영이 불가능한 파행 상황에 빠졌다.

정규 담임은 물론, 임시로 수업을 맡아줄 기간제 교사조차 구하기 어려워졌다. 이 사태는 학교 전체로 번졌고, 다른 학년 수업까지 차질을 빚었다. 피해는 담임교사뿐만 아니라, 학생, 학부모, 학교 공동체 전체로 확산되었다. 교육 관계자들은 이를 "공교육 역사상 초유의 사건"이라 평가했다.

지금은 사태가 다소 진정되었지만, 학교는 여전히 민원의 그림자에서 자유롭지 못하다. 이 사건은 우리에게 교육 현장에서 교사와 학부모의 권리가 어떻게 충돌하고, 어디서부터 다시 신뢰를 세워야 하는지를 묻고 있다.

교사의 권리 VS 학부모의 권리

교권은 단순히 교사의 권리만을 의미하지 않는다. 학생의 학습권, 학부모의 교육권, 교사의 교육권, 설립자의 관리권, 국가의 감독권 등 교육권이라는 더 큰 우산 아래 있다. 그러나 현실에서는 교권이 교사의 권리로만 좁게 이해되고 통용되는 경우가 많다.
한편, 학부모의 교육권은 자연권에서 출발한다. 자녀를 양육할 책임에서 비롯된 권리이며, 학교 선택권이나 교육과정 참여권을 포함한다. 중요한 것은 이 권리가 사랑과 보호의 책임을 전제로 한다는 점이다.

교사와 학부모 모두 교육의 주체이자 권리자이다. 그러나 갈등은 발생한다. 법과 의무는 강제성을 지니지만 권리는 자율성과 선택 가능성을 가진다. 따라서 누구의 권리가 더 우선인가를 따지는 대신 권리를 어떻게 행사하는가에 주목해야 한다. 권리는 서로를 향한 신뢰 위에서만 온전히 기능한다. 신뢰가 사라질 때, 권리는 손쉬운 무기가 되어 서로를 겨눈다.

교육권 충돌의 이면에는 '누가 아이를 더 잘 아는가?'라는 보이지 않는 경쟁이 자리하고 있다. 부모는 부모이기 때문에, 교사는 교사이기 때문에 아이를 가장 잘 안다고 믿는다. 김영하 작가는 『단 한 번의 삶』에서 앎의 권력을 설명한다. 부모는 실제로 자녀를 가장 잘 아는 존재라기보다, 사회가 부모에게 부여한 자녀를 잘 안다고 주장할 수 있는 권력을 가진 존재라고 말한다.
교사는 하루 평균 6~7시간 아이와 함께하며 그들의 감정, 행동, 성장 곡선을 세밀하게 관찰한다. 교사는 단순히 지식을 전달하는 사람이 아니라 아이의 사회성, 정서, 태도를 해석하는 전문가다. 그래서 교사에게도 아이를 이해할 권한이 부여된다.

그러나 일부 학부모는 "내가 우리 아이를 가장 잘 안다"고 주장하며 교사의 전문성을 불신하기도 한다. 사랑과 관심에서 비롯된 행동일 수 있지만 학교와 가정이라는 서로 다른 맥락 속에서 아이는 다른 얼굴을 가진다. 아이를 이해하는 권한은 사랑이 아니라, 맥락 속에서 아이를 관찰하고 해석할 수 있는 자격에서 비롯된다.
부모는 사랑으로, 교사는 전문성으로 아이를 읽는다.
둘은 다르지만 서로를 대체할 수 없다.

서로를 존중하는 기본 매너

어떤 교사도, 어떤 학부모도 대충 가르치고 대충 키우려는 사람은 없다. 모두 자신의 자리에서 최선을 다하고자 한다. 그러나 나의 최선이 상대의 경계를 침범하는 순간 갈등은 시작된다. 교사가 아이를 위해 고민하고 준비해도 학부모의 무리한 개입과 불신이 지속되면 교사는 위축된다. 반대로 학부모가 아이를 위해 목소리를 내어도 교사가 이를 무시하거나 무책임하게 대응하면 학부모는 분노할 수밖에 없다.
최선을 다하는 것과 상대를 존중하는 것은 다르다. 교육 현장에서는 모두가 존중을 전제로 한 최선을 지켜야 한다. 그것이 기본 매너다. 서로를 신뢰하지 않고 몰아세우는 사이, 결국 아이들은 혼란 속에 방치된다. 선생님이 바뀔 때마다 아이들은 물었다.

"왜 우리 선생님 또 가요?"
"우리가 무엇을 잘못했어요?"
혼란은 상처가 되고, 상처는 오래 남는다. 우리는 되물어야 한다.

"우리가 말하는 최선이, 아이를 흔들고 있지는 않은가?"
아델베레트 폰 샤미소의 『페터 슐레밀의 이상한 이야기』에서 그림자가 없다는 이유만으로 주인공은 자신을 증명할 수 없고, 누구에게도 믿음을 주지 못한다. 결국 그는 존재는 있지만 신뢰는 없는 사람이 된다. 이 장면은 묘하게도 오늘날 교사와 학부모의 갈등 구조를 떠오르게 한다. 아이 앞에서 교사나 학부모가 지나치게 빛이 되려 할 때, 그림자 역할은 사라진다. 아이의 곁에 다정하게 붙어 있어야 할 어른이 오히려 아이보다 더 앞에 서서 빛을 가리고 마는 것이다.

교사와 학부모는 모두 아이의 그림자가 되어야 한다. 아이의 곁에서 아이가 앞으로 걸어 나갈 수 있도록, 삐걱일 때 살짝 눌러주는 바닥의 음영이 되어야 한다. 교사의 권위, 학부모의 권위는 아이 앞에서 드러내는 것이 아니라, 필요할 때 아이가 기대어 쉴 수 있는 그림자 같은 존재가 되는 데서 오는 것 아닐까.
함께 걷되 앞서 가지 않는 것. 그것이 진짜 권위다.

교사와 학부모의 권리와 역할 - 함께 키우는 교육

한 아이가 사회 속에서 온전한 존재로 자라기 위해서는 교사와 학부모가 각자의 위치에서 서로 협력해야 한다. 교사는 교육의 전문가로서 아이의 하루를 설계하고, 학부모는 그 하루가 삶으로 이어지도록 뒷받침하는 역할을 한다. 하지만 이 관계가 혼란스러워지면 아이를 중심에 둔 교육의 축이 흔들리게 된다. 지금은 교사와 학부모가 서로의 권리와 역할에 대해 더 정직하고 구체적으로 이야기할 때다.

교사는 단순히 지식을 전달하는 존재가 아니다. 아이의 정서와 발달, 사회적 관계까지 고려하며 교육을 설계하고 운영하는 사람이다. 따라서 교사는 자율적으로 수업과 생활지도를 할 수 있어야 하며, 감정적으로도 안전한 환경 속에서 자신의 역할을 감당할 수 있어야 한다. 교사의 판단은 단순한 사실 하나가 아니라 그동안의 맥락과 관계를 토대로 이루어지는 만큼, 전문적인 시각이 존중받아야 한다.

또한 교사는 학급이라는 작은 사회를 운영하며 아이들 사이의 갈등을 조율하고, 변화의 신호를 감지하는 역할도 맡고 있다. 수업 시간에만 아이를 보는 것이 아니라, 점심시간이나 복도에서 드러나는 작은 변화까지 포착하며 그 마음을 읽는다. 그렇게 교사는 관찰자이자 공동체 운영자이며, 동시에 관계의 중재자 역할을 수행한다.

학부모는 아이의 삶에 가장 오래 머무는 존재이자, 가정이라는 공간에서 아이의 뿌리를 만들어주는 첫 번째 교사다. 그렇기에 학부모는 아이가 학교에서 어떤 경험을 하고 있는지 알 권리가 있고, 교육 과정에 참여할 수 있는 목소리를 가질 수 있다. 또한 자녀가 부당하거나 차별적인 상황에 놓였을 때 그 권익을 보호할 수 있어야 한다.

하지만 권리가 곧바로 개입으로 이어져서는 안 된다. 학부모는 교사의 전문성을 신뢰하는 바탕 위에서 교육의 협력자 역할을 수행해야 한다. 집에서는 인성과 태도의 기반을 마련하고, 문제 상황이 발생했을 때에는 해결을 위한 동반자가 되어야 한다. 아이가 실수하거나 좌절했을 때, 결과에만 집중하기보다 그 과정을 함께 지켜보고 기다릴 수 있는 지지자여야 한다.

이러한 관계가 건강하게 유지되기 위해서는 구조적인 변화도 필요하다.
교사와 학부모는 서로를 감시자가 아닌 동반자로 인식해야 하며, 학부모는 정보를 알고 의견을 제시할 수 있지만 실제 교육의 실행은 교사의 자율성을 존중하는 선에서 이루어져야 한다. 또한 익명성 뒤에 숨어 감정적으로 쏟아지는 민원을 줄이기 위해 정기 상담이나 공식적인 소통 창구가 마련되어야 한다. 무엇보다 학부모 역시 교육의 주체로서 어떤 태도를 가져야 하는지를 함께 배우고 고민하는 자리가 필요하다. 연수와 공청회, 사례 나눔 같은 기회를 통해 학교와 가정이 하나의 방향을 향해 걸을 수 있어야 한다.

"선생님이 나를 보고 웃었어요."
"오늘 엄마가 화 안 냈어요."
"나 오늘 발표했어요. 많이 무서웠는데 선생님이 괜찮다고 했어요."

아이들은 어른들의 눈치를 보고, 어른들의 감정을 흡수한다. 교사가 불안하면 아이도 불안하다. 부모가 화가 나 있으면 아이도 긴장한다. 아이들은 대단한 것을 바라지 않는다. 따뜻한 교실, 따뜻한 집, 그리고 믿을 수 있는 어른 한 명. 그것이면 충분하다.

교사와 학부모는 더 이상 대립의 상대가 아니다. 아이들의 밝은 미래를 함께 만들어가는 동반자다. 우리 어른들이 먼저 품격을 갖추고 서로를 존중할 때, 아이들은 그 모습을 따라 배움과 존중을 몸에 익힌다.

그래서 우리의 싸움은 서로를 겨누는 싸움이 아니라, 아이들의 성장을 위한 환경을 함께 만드는 진정한 '협력의 싸움'이 되어야 한다. 그 길 위에서 우리는 비로소 진정한 어른으로서 아이들에게 품격과 사랑을 보여줄 수 있을 것이다.

마음 한 칸, 생각 메모

마음이 들려주는 이야기를 남겨 보세요.

설마, 내 아이에게 학교폭력이?

"엄마, 선생님이 내일 학교 좀 오시래."

5학년 아들 준호의 말 한마디에 엄마는 심장이 철렁 내려앉았다. 며칠 전, 학교 복도에서 친구랑 서로 욕을 하고 한 대씩 주고받았다는 얘기를 들었기 때문이다. 준호는 "그냥 장난이었다."고 했지만, 아이의 말만 믿기에는 어쩐지 불안했다. 담임 선생님은 아이들을 불러 사실을 확인하고, 서로에게 사과를 하자고 제안했다. 다행히 아이들은 곧장 화해의 손을 내밀었고, '다신 그러지 말자'며 함께 웃기도 했다. 하지만 문제는 부모들 간의 감정 싸움에서 시작됐다.

"우리 아이가 맞았잖아요. 그럼 누가 잘못한 겁니까?"
"아니, 우리 애도 욕먹고 맞았대요. 서로 잘못이 있지 않나요?"

아이들끼리는 이미 괜찮아졌다는데, 부모들은 점점 목소리가 높아졌다. 결국 피해를 주장하는 쪽 부모가 정신적 피해가 심각하다며 학교폭력으로 정식 절차를 요구했다. '서로 욕하고 때리고'가 섞여 있는 상황이라 담임은 무척 난감했다. 아이들이야 장난처럼 시작된 싸움이었지만, 부모들끼리 감정의 골이 깊어지자 학교도 어쩔 수 없이 규정과 절차를 따를 수밖에 없었다.

학교는 교육지원청에 사건을 이관하고, 학교폭력 사안으로 절차를 개시했다. 담임은 더 이상 중재할 수 없었고, 아이들은 상호 간 분리조치로 교실에서조차 말 한마디 나눌 수 없게 되었다. 각 가정에는 학교폭력대책심의위원회 안내문이 전달됐다. 아이들은 이미 서로를 용서했지만, 이제 서류와 진술서 속에서 어른들의 싸움이 다시 시작되었다.

관계의 조율에서 절차의 전환으로

불과 몇 년 전만 해도, 학교폭력 문제는 교실 안에서 교사와 학생, 그리고 학부모 간의 대화를 통해 조율되던 일이 많았다. 물론 그 해결 방식이 언제나 완벽했던 것은 아니지만, 감정의 흐름을 고려한 교육적 개입이 가능했다. 그러나 최근의 흐름은 다르다. 작은 말다툼이나 장난도 곧장 '신고'로 이어지고, 일단 신고가 접수되는 순간부터는 학교와 교사가 따를 수밖에 없는 정해진 절차와 시스템이 작동한다.

2025년 교육부의 학교폭력 예방 및 대책 기본계획에 따르면, 학교폭력 피해를 경험했다고 응답한 학생의 비율은 2021년 1.1%에서 2022년 1.7%, 2023년 1.9%, 그리고 2024년에는 2.1%로 매년 꾸준히 증가하는 추세다. 특히 주목할 점은, '학교폭력'으로 접수되는 사안 중 실제로는 다툼, 말다툼, 장난 등 경미한 사안이 차지하는 비중이 해마다 증가하고 있다는 사실이다. 2021년 전체 심의 건수 중 10.7%였던 '학교폭력이 아닌 사안' 비율이 2022년 13.5%, 2023년에는 16%까지 늘어났다. 반면, 출석정지 이상의 중대한 조치가 내려진 사안은 2021년 11.4%에서 2023년 9.3%로 줄어들고 있어, 사안의 심각도는 낮아지는 반면 심의 절차에 회부되는 빈도는 오히려 높아지고 있음을 보여준다.

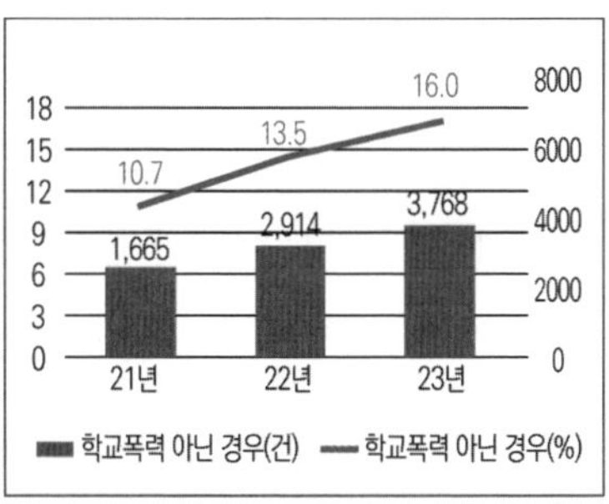

심의 결과 학교폭력이 아닌 경우

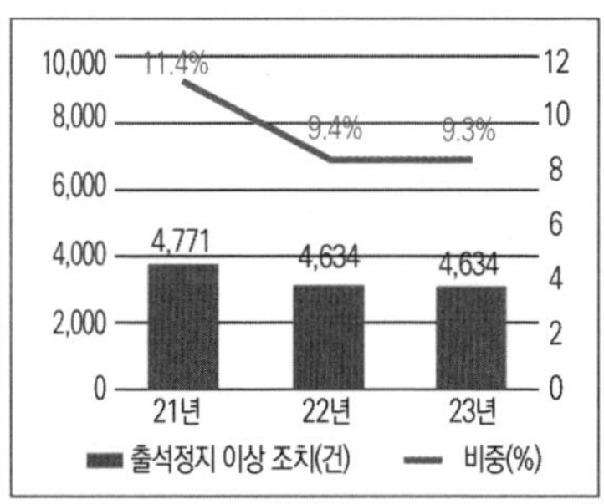

중대 조치 건수

이러한 흐름은 교육적 해결 방식의 약화로도 이어진다. 학교장이 자율적으로 해결할 수 있는 자체 해결의 비중은 2021년

64.8%에서 2023년 61.6%로 감소하고 있으며, 이는 교실 내에서의 조정과 회복적 대화보다는 공식 절차에 의존하는 구조가 강해지고 있다는 의미이기도 하다. 실제로 학교폭력에 대한 행정심판 및 소송 청구 건수는 2021년 1295건(소송 255건)에서 2023년 2223건(소송 628건)으로 급증했다. 불과 2년 사이 법적 분쟁으로 이어진 건수가 두 배 가까이 늘어난 것이다.

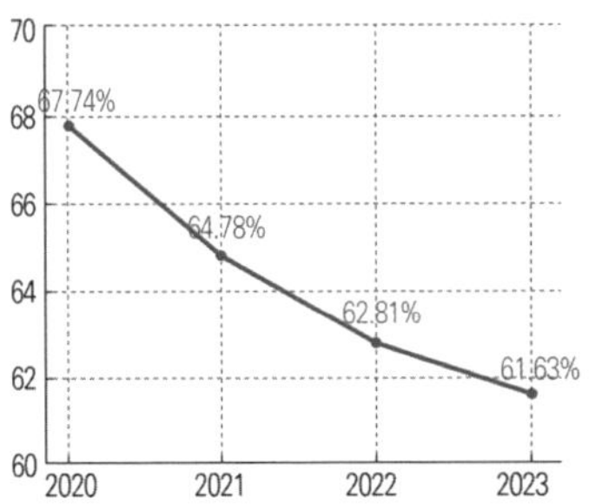

학교장 자체 해결 비중(%)

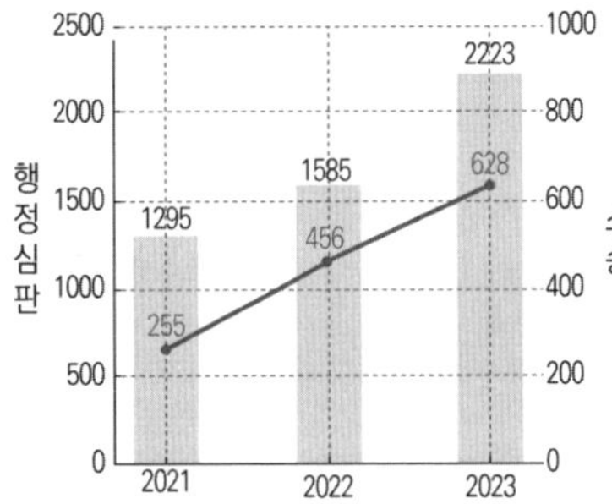

행정심판 및 소송 청구 건수

이 모든 수치들은 우리에게 분명한 사실 하나를 말해준다. 학교폭력에 대한 사회적 경각심과 대응은 강화되었지만, 그 방식이 교육적 해결보다는 행정적 절차와 법적 대응으로 옮겨가고 있다는 것이다. 사안이 접수되는 순간부터 감정의 조율은 뒷전으로 밀리고, 절차가 중심이 되며, 교사는 중립적 행정 담당자로, 학부모는 변호사를 대동한 법적 대응 주체로 전환된다. 그렇게 교실에서는 아이들의 솔직한 말보다 진술서가 먼저 등장하고, 관계 회복의 시간은 점점 짧아진다. 지금 이 구조가 과연 아이들을 위한 최선인지 우리는 모두에게 묻지 않을 수 없다.

학교폭력 대응이 점점 매뉴얼 중심으로 옮겨가면서 교사의 역할 역시 변화하고 있다. 한쪽에서 공식적인 절차를 요구하는 순간부터 교사는 감정을 헤아리기보다는 객관적인 사실을 정리하고 행정 절차를 안내하는 데 집중해야 한다. 감정의 조정자였던 교사는 중립이라는 이름 아래 한 걸음 물러서게 되고, 학생들의 마음을 들여다보는 대신 정확한 진술을 받는 데 몰두하게 된다. 그 과정에서 아이들은 자연스레 가해자와 피해자라는 이분법적 틀에 고정되며, 관계 회복의 기회는 멀어진다.

하지만 실제 교실에서 아이들의 갈등은 그렇게 명확하지 않다. 단톡방의 말 한마디, 체육 시간의 장난, 복도의 툭 밀침처럼, 애초에 그 상황은 서로가 감정 선 위에서 미숙하게 흔들리며 생긴 일이었다. 피해를 주장하는 아이가 다음 날 누군가에게 상처를 줄 수도 있고, 가해자로 지목된 아이 역시 억울함과 당황스러움을 동시에 느낀다. 그러나 지금의 시스템은 이런 복잡하고 미묘한 감정의 결을 담아낼 여유가 없다. 교사는 민감한 민원에 휘말리지 않기 위해 말을 아끼고, 학부모는 아이를 지키기 위해 전략적 대응에 나선다. 결국 아이들은 자신이 느낀 감정을 털어놓지 못한 채, 입을 닫고 조용히 눈치를 보기 시작한다. 학교폭력대책심의위원회를 경험한 한 학부모는 이렇게 말했다.

"처음엔 사과만 받고 끝내려 했어요. 그런데 주변에서 그러더라고요. 그렇게 넘기면 우리 애만 바보 된다고요."

결국 진단서를 준비하고 정식 절차를 요청했지만, 시간이 지나면서 그 결정이 과연 옳았는지 계속 마음이 무거워졌다고 털어놓았다. 그의 말에서 느껴지는 건 후회라기보다는 '이게 맞는 길인가' 하는 혼란이었다. 또 한 교사는 이렇게 말했다.

"아이들이 서로 감정을 털어놓고, 미안하다고 말할 수 있는 기회가 너무 빨리 사라집니다."

사과는 진술서 속 워딩으로 남고, 진심 어린 감정은 서류 바깥으로 밀려난다.

지금 우리가 놓치고 있는 것

학교폭력은 예전에도 존재했지만, 지금 우리가 그것을 다루는 방식은 분명 달라졌다. 그리고 그 변화가 과연 아이들에게 도움이 되는 방향인지 우리는 다시 질문해야 한다. 학교는 아이들이 실수하고, 상처받고, 다시 관계를 회복하는 법을 배우는 공간이어야 한다. 갈등을 경험하고, 감정을 솔직히 표현하고, 사과하고, 용서하며 관계를 다시 만들어가는 과정 속에서 아이들은 진짜 성장한다.

물론 그 전제에는 분명한 선이 있어야 한다. 일방적이고 반복적인 괴롭힘, 지속적인 집단 따돌림, 물리적·정신적 폭력이 동반된 중대한 학교폭력은 반드시 근절되어야 하며, 단호하고 체계적인 대응이 필요하다. 이런 사안에 대해서는 교육이 관용이 아닌 보호와 정의로 응답해야 한다. 아이들의 안전과 존엄이 침해되는 일은 결코 가볍게 다뤄져서는 안 된다.

하지만 문제는 모든 갈등과 사소한 실수까지도 중대한 폭력과 동일한 선상에서 처리되고 있다는 점이다. 친구 사이의 오해, 순간적인 말다툼, 미성숙한 행동들이 곧바로 학교폭력 사안으로 분류되고, 그 기록은 아이들의 성장 과정에 낙인처럼 남는다. 마치 감정을 드러내는 것조차 조심스러운 일이 되어버린 지금의 교실에서 아이들은 친구와의 갈등을 직접 해결해 볼 기회를 잃고 있다.

이 글을 쓰는 나 역시 같은 부모로서, 그런 제도의 배경을 충분히 이해한다. 내 아이가 억울한 상황에 처해 있다면, 당장이라도 나서서 해주고 싶은 것이 부모의 마음이다. 누구도 자신의 아이가 상처받는 모습을 지켜보고 싶지 않다. 하지만 우리가 지켜주고자 하는 것이 오직 안전뿐이라면, 그 안에서 아이들은 정서적으로 자랄 수 없다. 학교폭력에 대응하는 가장 좋은 방법은 서류와 법으로만 무장해 내 아이를 보호하는 것이 아니라, 아이들이 다시 감정을 표현하고 관계를 회복할 수 있는 환경을 만들어주는 것이다. 그 안에서 아이들은 감정을 조율하는 법, 실수를 바로잡는 법, 타인의 입장을 이해하고 다시 손을 내미는 법을 배운다.

결국 우리가 던져야 할 질문은 이것이다. 지금 이 방식이 과연 모든 아이들에게 최선인가? 중대한 폭력을 근절하는 노력과 함께, 아이들이 갈등을 피하는 법이 아닌 갈등 속에서 성장하는 법을 배울 수 있도록 하는 균형은 어떻게 만들어갈 수 있을까? 그리고 아이들의 교실에 다시 감정과 관계, 그리고 따뜻한 대화가 돌아오게 하려면 지금 우리가 할 수 있는 것은 무엇일까?

우리는 다시 친구가 될 수 있을까?

처음엔 부모들끼리 서로를 향해 날을 세웠다.

"우리 애가 맞았는데, 그럼 누구 책임이에요?"

"서로 잘못이 있었는데, 왜 우리 애만 가해자처럼 몰리나요?" 회의실에 울리는 목소리는 차분하려 애썼지만, 말끝마다 억울함과 분노가 묻어났다. 순간의 실랑이였다고 하기엔 아이들 마음에 남은 상처가 걱정됐고, 내 아이가 다쳤다는 사실은 이성을 쉽게 붙잡게 두지 않았다. 부모의 눈에는 내 아이의 눈물과 혼란이 먼저 들어왔고, 감정은 순식간에 '누가 더 피해자인가'를 따지는 싸움으로 옮겨갔다.

아이들은 이미 "미안해"라며 어색하게 서로를 바라봤지만, 어른들의 감정은 쉽게 풀리지 않았다. 아이들의 눈빛에는 아직 멀어진 마음을 붙잡고 싶은 조심스러움이 있었지만, 그들 사이에 놓인 어른들의 감정은 그 마음을 헤아릴 여유가 없었다. 말문은 닫히고, 마음은 굳어갔다.

하지만 시간이 조금 지나면서 멈춰 있던 마음에 금이 가기 시작했다. 담임 교사의 중재로 조심스럽게 아이들의 이야기를 다시 들었고, 그 안에서 부모들은 조금씩 자신의 아이만 보던 시선을 거두기 시작했다.

"우리 애도 욕을 먼저 했다는 건 인정해요. 친구가 말리는데도 화를 못 이겼대요."

"저희 아이도 때리긴 했어요. 흥분해서… 감정 조절이 안 됐던 것 같아요."

서로의 아이가 가해자이자 피해자였음을 부모들이 받아들이게 되자, 말투가 조금씩 부드러워졌다. 처음엔 마지못한 인정 같았지만, 곧 진심이 묻어나는 사과로 이어졌다.

"그날 저희 아이도 많이 무서웠대요. 밤에 울더라고요."

"우리 아이도 그래요. 혼나고 울면서 친구 걱정도 하더라고요."

서로의 마음을 조금씩 이해하게 된 그 순간, 부모들은 문득 깨달았다. 누군가를 끝까지 몰아붙이는 것으로는 아이들 마음이 낫지 않는다는 것을. 서로 한 발씩만 물러서면 아이들을 위해 훨씬 더 나은 길이 열릴 수 있다는 것을. 그 기회를 담임 교사는 놓치지 않았다.

"아이들은 이미 서로 사과했어요. 부모님들도 이렇게 마음을 열어주시니, 아이들이 다시 친구가 되는 길이 보이네요."

교사의 차분한 말에 얼어 있던 부모들 마음도 조용히 풀려갔다. 누가 더 잘못했는지보다 어떻게 관계를 회복할 수 있을지를 생각하게 되었다. 그리고 며칠 뒤, 복도에서 준호와 친구가 마주쳤다. 준호가 먼저 말했다.

"미안해."
"나도 미안해."

친구도 잠시 머뭇거리다가 고개를 끄덕이며 답했다. 그날 점심시간, 두 아이는 함께 공을 차며 웃었다. 처음처럼 서툴고 어색했지만, 분명 서로를 향한 마음이 다시 움직이기 시작한 순간이었다. 그 모습을 복도 창 너머로 바라보던 부모들도 조용히 미소를 지었다.
처음엔 서로를 원망했지만 상대의 입장을 조금씩 헤아리고, 내 아이의 잘못도 정직하게 바라보았기에 결국, 아이들은 다시 친구가 될 수 있었다. 학교는 그 과정을 지켜보았고, 담임 교사는 부모들 사이를 이어주는 다리가 되어주었다. 그리고 그날의 작은 화해는 아이들 마음속에 다시 신뢰라는 씨앗을 심는 시작이 되었다.

기다림과 배려로 이어진 선택

요즘처럼 작은 다툼도 금세 법적 문제로 번지는 시대에 이 사례는 오히려 예외처럼 느껴질지도 모른다. 많은 학부모가 자녀를 지키고자 하는 마음에서 먼저 진단서를 끊고, 절차에 돌입하는 것이 당연한 반응이 되었다. 실제로 일부 학부모 커뮤니티에는 사과보다 진술서가 먼저, 감정보다 기록이 먼저라는 조언이 넘쳐난다. 하지만 모든 사안이 꼭 그렇게 해결되어야만 할까? 관계의 회복을 통해 갈등을 줄일 수 있는 방법은 정말 남아 있지 않을까?

이 사안에서 학생의 부모는 서로의 입장을 헤아려보고 관계 회복의 가능성에 무게를 두었다. 사과를 받아들이고, 아이들의 대화를 허락하고, 학교와 담임 교사를 믿어준 그 선택이 있었기에 아이들은 다시 눈을 마주칠 수 있었다. 한 발자국만 물러섰을 뿐인데, 아이들은 서로의 감정을 마주할 기회를 얻었다. 아이들은 자신이 상처를 줬을 수도 있다는 사실을 처음으로 자각했고, 또 누군가의 사과를 받아들이는 경험을 통해 용서하는 감정을 배웠다. 그건 책으로 배울 수 없는 일이었다. 이 관계는 완벽하진 않겠지만, 그들이 마주 앉아 서로의 감정을 이야기해보았다는 사실 하나만으로도, 이 교실은 조금 더 성장했다.

다시 친구가 된다는 것

갈등 없는 교실은 없다. 중요한 건 갈등 이후의 회복이다. 서로 다른 입장과 감정을 가진 두 아이가 다시 웃으며 함께 손을 잡게 되기까지, 그 뒤에는 어른들의 신중한 선택과 감정의 인내가 있었다. 아이들이 실수할 수 있다는 사실을 받아들이고, 그 실수 속에서도 다시 배우고 성장할 수 있도록 기다려주는 어른의 태도가 관계 회복의 시작이 된다.

학교폭력은 단지 처벌과 보호의 문제가 아니다. 본질적으로 미성숙한 아이들의 인간 관계의 문제이며, 중대한 사안이 아니라면 결국 교육적으로 접근하고 해결해야 할 문제다. 우리는 모두 실수하고 상처받는다. 하지만 그다음에 우리가 어떤 태도를 선택하는지가, 자녀들이 관계를 어떻게 기억하고 유지하게 될지를 결정짓는다.

세상에서 가장 소중한 내 아이가 학교에서 아프고 힘든 일을 겪으면 누구나 마음이 미어지고 무너질 듯한 아픔을 느낀다. 하지만 그럴 때일수록 우리는 마음을 가다듬고 중심을 잡아야 한다. 왜냐하면 아이는 부모의 태도와 선택을 보며 갈등을 해결하는 법을 배우기 때문이다. 때로는 엄정한 법적 절차를 통해 해결해야 할 문제도 있다. 하지만, 세상의 모든 갈등이 서류와 법으로만 해결되지는 않는다는 것도 아이가 함께 배워야 할 중요한 진실이다. 이 경험이 아이에게 단지 상처로만 남지 않고, 갈등 속에서도 다시 회복하는 방법을 배우는 기회가 될 수 있다면 좋겠다.

오늘 아이가 내민 작은 사과의 손, 눈물 섞인 고개 끄덕임이 먼 훗날에도 아이를 지켜주는 따뜻한 힘이 되기를 바란다.

교육이 서비스가 될 때

수학여행을 간 A교사는 연달아 울리는 민원 전화를 받으며 연신 한숨을 내쉬었다.

"선생님, 우리 아이가 전화 왔는데요. 오늘 하루 종일 밥을 거의 못 먹었다고 하네요. 반찬이 입에 안 맞고, 배고팠다고 해서요. 다른 친구들도 마찬가지라는데, 제가 숙소로 배달음식을 보내도 될까요?"

이 전화 한 통에 A교사는 당황스러움을 감추려 애썼다. 점심으로는 지역 식당에서 뷔페식으로 식사가 제공됐고, 대부분 아이들은 배불리 먹었다. 다만, 평소 입맛이 까다로운 몇몇 아이들에게 낯선 음식은 분명 큰 도전이었을 것이다. 그럼에도 아이들이 새로운 환경에 적응하는 모습이 교육의 일부라고 믿었던 A교사에게, "배달음식을 보내겠다"는 말은 마음을 무겁게 만들었다. 잠시 후, 또 다른 전화가 울렸다.

"선생님, 저희 아이가 방 배정 때문에 많이 힘들어하네요. 버스에서도 짝꿍이 불편하다고 계속 얘기했는데, 방에서도 전혀 안 친한 애들이랑 같이 지낸다며 스트레스를 받는다고 해요. 이런 건 조금 신경 써주실 수 없을까요?"

A교사와 동료들은 수십 번 머리를 맞대고 방 배정을 고민했다. 친구들끼리 무리를 만들어 갈등이 생기지 않도록, 평소 잘 어울리지 못했던 아이들도 새로운 친구를 사귈 수 있도록. 아이들이 처음으로 떠나는 이틀 밤의 여행, 서로 다른 친구들과의 만남이 작은 성장의 계기가 되기를 바랐기 때문이다. 그런데도, 우리 아이만은 예외로 해달라는 듯한 요구가 이어지자, A교사는 답답한 마음을 애써 숨기고 차분히 설명해야 했다. 또 다시 휴대폰이 울렸다.

"아 네, 어머님. 네, 숙소에 문제가 있다고요? 벌레가 있어요?"

A교사는 고개를 떨궜다. 방금 전, 그 방을 직접 순찰했지만 큰 문제는 보이지 않았다. 시골의 단체 숙소, 자연환경의 특성상 작은 벌레 하나쯤은 어쩔 수 없음을 아이들에게도 이미 안내했었다. 하지만 아이의 불편함은 단순히 성장의 일부가 아니라, 당장 해결해야 할 소비자 클레임처럼 바뀌어 있었다. 이런 전화가 연이어 걸려올 때면 교사로서 힘이 빠지고 마음이 무거워졌다.

아이들이 낯선 환경에서 부딪히며 스스로 이겨내고 성장하는 것이 수학여행의 의미라 생각했지만, 부모들은 그 불편을 해소해 달라고, 문제를 바로잡아 달라고 요구했다. A교사는 문득, 집에 있는 여섯 살 딸아이가 떠올랐다. 아직 혼자 잠들지 못해 밤마다 곁에 있어줘야 하는 딸아이. '혹시 나도 그 상황이었다면 전화를 걸었을까?' 생각하자 부모의 마음이 이해되기도 했다. 하지만 그 이해가 깊어질수록 교사로서의 무력감이 더 짙어졌다.

교사로서, 부모로서, A교사는 갈등했다. 이 수학여행이 아이들에게는 작은 도전이자 소중한 배움의 시간이 될 수 있었을 텐데, 그 시간은 점점 불안을 관리해 주는 서비스 창구로 바뀌고 있었다. 부모의 목소리가 반복될수록, 교육은 점점 편안함을 추구하는 방향으로 이동 중이었다. 그 자리가, 교실이, 아이의 성장을 돕는 교육의 장이 아니라 즉각적인 만족과 안심을 제공해야 하는 곳으로 변하고 있음을 A교사는 느낄 수밖에 없었다.

진짜 아이에게 필요한 서비스는

이런 사례는 단지 몇몇 학교나 일부 학부모만의 이야기가 아니다. 교사들은 해가 거듭될수록 이런 요청이 더 많아지고, 점점 더 당연해지고 있다고 느낀다. 이제 교사들은 '이게 교육적으로 좋은가?'보다는 '혹시 민원이 될까?'를 먼저 고민하게 된다. 교육이 흔들리고 있다는 자조적인 목소리 속에서 우리는 질문해 봐야 한다.

부모들은 왜, 어쩌다 학교에 점점 더 많은 서비스를 요구하게 되었을까?

지금의 부모 세대는 맞춤형 소비사회 속에서 살아간다. 내 아이에게 맞는 것을 선택하고 불편을 피하는 것이 자연스러운 시대다. 그래서 학교도 '우리 아이에게 맞춰줘야 한다'는 기대가 커진다. 아이가 힘들어하면 활동을 줄여달라고 요청하고, 발표가 부담되면 빼달라고 말한다. 처음에는 사소한 배려였을지 몰라도, 이런 요구가 누적되면 학교는 점점 더 맞춤형 대응을 요구받게 된다.

또한 우리 사회에는 지독한 비교의 문화가 있다. 다른 아이만 칭찬을 받거나, 심지어 학급 앨범에서 내 아이 사진이 다른 아이들보다 적다는 이유로 민원이 생긴다. 겉으로는 '궁금하다'고 말하지만, 그 안에는 '우리 아이만 손해 보지 않게 해달라'는 절박함이 담겨 있다. 이런 비교는 불안을 낳고, 불안은 행동으로 이어진다. 학부모 커뮤니티, 맘카페, 단체 채팅방은 불안을 증폭시키고, 단편적인 정보가 검증되지 않은 기준으로 작동한다. 그래서 부모들은 '우리 아이만 불이익 받지 않게' 선제적으로 움직이게 된다.

여기에 사회적 분위기도 한몫한다. 언론과 사회 전반은 안전과 정서적 보호에 민감해졌다. 아이가 힘들다고 말하면, 부모는 가만히 있을 수 없다. 좋은 부모란 즉각적으로 반응하는 부모라는 문화적 압력도 강해졌다. 아이가 울거나 불편함을 겪으면, 부모는 가장 먼저 학교에 연락해 상황을 바로잡아 달라고 요청한다. 이러한 요구가 반복될수록 교사는 교육적 판단보다 오해받지 않을 말을 더 신경 쓰게 되고, 학생 지도는 점점 더 소극적으로 바뀐다.

이 모든 흐름은 부모 개인의 가치관 차이만으로 보기 어렵다. 그 배경에는 불안정한 시대와 끝없는 비교의 문화가 자리 잡고 있다.

부모는 아이를 지켜야 한다는 압박감 속에서 실패와 불편을 미리 차단하려 한다. 그러나 그런 보호는 결국 아이에게 또 다른 결과를 남긴다. 부모가 대신 해결해 주는 구조 안에서 자란 아이는 스스로 자기 감정을 조절하고, 관계를 회복하고, 실패를 받아들이는 힘을 기르기 어렵다. 발표가 무서우면 피하고, 친구와 다투면 어른이 대신 정리해 주고, 점수가 낮으면 다시 기회를 달라고 말한다. 그렇게 아이는 불편을 견디는 연습 없이 편안함에만 익숙한 사람으로 자라게 된다.

바람이 있는 교실

1990년대 초, 미국 애리조나 사막 한가운데 세워진 '바이오스피어2(Biosphere 2)'는 완벽한 인공 생태계를 목표로 만든 거대한 유리 돔이었다. 나무, 산소, 기후, 물, 토양까지 모두 이상적인 조건을 갖췄고, 그 안의 모든 생명체는 최적의 환경에서 살아가도록 설계되었다. 그런데 예상치 못한 문제가 발생했다. 나무들이 자라다 줄기째 부러지고 무너져 내린 것이다. 그 이유는 단 하나. 그 안에는 바람이 없었기 때문이었다.

나무는 바람에 흔들리며 뿌리를 깊게 내리고 줄기를 단단하게 만든다. 실제로 식물은 바람처럼 반복되는 물리적 자극을 받으면 그에 반응해 줄기를 더 튼튼하게 만들고 뿌리를 더 깊게 내린다. 이런 자극이 있어야 무게를 견디고 자라날 수 있는 기반이 마련되는 것이다.

인간에게도 이와 비슷한 원리가 작용한다.

적당한 스트레스, 불편함, 갈등은 아이의 내면을 단단하게 만드는 '바람'과 같다. 그것을 경험하고 버텨내는 과정 속에서 아이는 스스로 자라는 법을 배운다. 바람이라는 불편함이 없으니 나무는 위를 향해 자라기만 했지, 버티는 법을 배우지 못했다. 결국 자기가 감당해야 할 무게를 이기지 못하고 쓰러졌다.

지금 우리의 학교는, 우리의 교육은 어떠한가?

우리는 혹시 아이가 흔들릴까, 부러질까, 상처받을까 두려워 적절한 바람조차 들이지 않는 바이오스피어를 만들고 있는 건 아닐까? 결과는 이미 정해져 있는지 모른다. 겉보기에만 크지 속은 무른 아이, 자기 무게조차 감당하지 못하는 아이들이 온실 속에서 자라고 있는 건 아닌가? 친구와의 갈등, 선생님의 훈육, 청소의 귀찮음 등 크고 작은 다양한 바람들이 아이를 성장시킨다. 그 작은 바람들이 뿌리를 깊게 내리게 하고 줄기를 단단하게 만든다. 그것이 없다면 아이는 어느 순간 쓰러질 수밖에 없다. 편함만을 제공받은 아이는 결국 자기 무게조차 버티지 못하는 어른이 될 수 있다.

나는 학교에서 아이들을 가르치면서 가정에서도 두 남매를 키우고 있는 부모이다. 가끔 내 아이가 학교에서 불편한 상황을 겪고 돌아올 때면 마음이 편치 않다. '아직 어린 아이 입장에서 조금 낯설고 힘든 상황이었겠다.' 하는 생각이 들며 마음이 아플 때도 있다. 하지만 그런 순간마다 스스로에게 되묻는다. 이 불편함은 부모가 직접 나서서 해결해야 할 문제일까, 아니면 아이가 스스로 해결할 수 있도록 지켜보고 성장할 수 있도록 도와줘야 할 것일까?

교육은 아이의 기분을 즉시 만족시켜 주는 고객 맞춤형 서비스가 아니다. 교육 현장은 불편을 딛고 성장할 수 있도록 곁에서 함께 걸어주는 장이다. 학부모는 아이의 대변자가 아니라 아이 곁을 지키는 동반자가 되어야 하고, 교사는 그 길을 가이드하는 안내자가 되어야 한다.

바람이 있는 교실, 그것이야말로 아이를 건강한 성장으로 이끄는 안전한 운동장이다. 그리고 그 바람을 용기 있게 마주하는 부모와 교사가 함께할 때, 우리 아이들은 건강하게 성장할 수 있다.

같은 편이 되어주실 수 있나요?

중학교 3학년 수행평가 결과를 확인한 어느 날, 한 학부모가 담임교사에게 전화를 걸었다. "생각보다 점수가 낮게 나왔더라고요. 혹시 기준이 어떻게 되나요?" 처음엔 차분하게 확인하는 말투였다. 하지만 통화가 길어질수록 그의 목소리에는 억울함이 스쳤다. "다른 아이는 그런 지적을 안 받았다고 들었는데, 왜 우리 아이만 그런가요?" 설명을 들으려 했던 마음은 점차 우리 아이만 손해를 본 게 아닐까라는 불안으로 변해갔다. 교사도 숨을 고르며 차분히 설명하려 애썼다. 평가 기준표와 관찰 메모까지 꺼내 들며 객관성을 강조했다. 하지만 그 과정에서 말투가 점점 딱딱해지고, 감정은 배제되기 시작했다. 혹여 오해를 사거나 민원으로 번질까 두려워서였다. 결국 교사의 설명은 진심보다는 방어처럼 들렸다. 학부모는 마음이 더 서운해졌다. 아이에 대한 걱정으로 전화를 했는데, 교사가 아이의 상황보다는 문서와 기준만 이야기하는 것 같아 보였기 때문이다.

며칠 뒤 학부모는 교육청에 민원을 넣었고, 교사는 소명 절차를 밟았다. 수차례의 설명과 통화 녹취를 다시 듣고 해명서를 썼다. 결론은 '문제 없음'이었지만, 교사는 깊은 피로를 느꼈다. "나름 공정하게 평가했는데… 왜 말투와 숨소리 하나까지 다시 설명해야 할까?"
반면, 학부모는 여전히 '아이만 손해 본 게 아닐까' 하는 의문을 떨치지 못했다.

이 사례는 단지 한 교사와 한 학부모 사이에서 벌어진 우연한 사건이 아니다. 오늘날 학교와 가정이 아이를 사이에 두고 얼마나 멀어진 채 서 있는지를 상징적으로 보여준다. 교사의 설명은 변명처럼 들리고, 학부모의 질문은 공격처럼 느껴진다. 우리는 같은 사실을 두고도 서로 다른 언어로 말하고, 다른 해석으로 듣는다. 그 결과 마음이 다친 교사와 서운한 부모 사이에서 아이는 눈치를 보며 조용히 서 있게 된다.
하지만 이 갈등은 교사나 학부모의 말투나 성격 때문만은 아니다. 교사도 일부러 차갑게 말한 것이 아니었고, 학부모도 처음부터 따지려던 것은 아니었다. 아이를 향한 걱정과 실수 없이 해내고 싶은 마음, 그 시작은 모두 나쁜 의도에서 비롯되지 않았다. 그런데도 왜 이렇게 자주 어긋나고 오해가 깊어지는 걸까?

그 배경에는 개인의 문제를 넘어서는 사회 구조와 정서적 흐름이 놓여 있다. 지금의 학교와 가정은 단지 정보를 주고받는 관계가 아니다. 불안을 품은 부모와 방어에 익숙해진 교사, 그 사이에서 신뢰 대신 오해가 자주 발생하는 시대를 우리는 함께 살아가고 있다. 이 긴장과 불안은 이제 예외가 아니라, 우리 모두가 마주한 일상이 되었다. 이제는 그 단절의 배경과 심리를 더 깊이 들여다봐야 할 때다.

불안을 부추기는 사회

오늘날 한국 사회에서 부모가 자녀 교육에서 가장 자주 느끼는 감정은 불안이다.

이 불안은 단순한 개인의 감정이 아니라, 사회 전반의 구조 속에서 증폭된다. 언론은 학교 내 갈등이나 사고를 반복적으로 보도하고, SNS에서는 특정 교사나 학부모의 발언이 자극적으로 확산된다. 단편적이고 맥락 없는 정보는 학교에 대한 신뢰를 약화시키고, '학교는 불안전한 공간'이라는 인식을 깊게 만든다.

하지만 실제 학교 현장은 다르다. 교사와 부모가 함께 아이의 작은 변화를 기뻐하는 순간들이 훨씬 많다. 아이가 친구와 갈등을 풀고 화해하는 과정을 담임교사와 부모가 함께 지켜보거나, 소심했던 아이가 용기를 내어 발표를 마친 뒤 함께 웃는 순간들이 매 순간 존재한다. 학교는 단순히 지식만 습득하는 공간이 아니라, 아이가 넘어지고 다시 일어서며 배우는 안전하고 아름다운 운동장이다. 그러나 협력보다 갈등이 더 자극적이기에, 이런 소중한 일상은 대중의 시선에서 점점 가려진다.

왜곡된 시선 속에서 부모의 불안은 점점 날이 서게 된다. '우리 아이만 손해 보면 안 된다'는 마음은 '혹시 피해를 입지 않을까' 하는 방어적 태도로 바뀌고, 이는 선제적 대응으로 이어진다. 민감한 문제가 생길 때마다 부모는 먼저 질문하고 증빙을 요구한다. 자녀를 보호하기 위한 행동이지만, 때로는 교사와의 신뢰를 무너뜨린다. 교사도 이런 분위기를 잘 안다. 그래서 감정보다 절차를, 말보다 기록을 앞세운다. 혹여 오해를 살까 봐 근거를 남기고, 매뉴얼을 따르며 방어적인 태도를 유지한다. 하지만 그런 조심스러움은 결국 감정 표현을 제한하고, 부모에게는 무관심처럼 비친다. 그렇게 관계는 조심스러움만 남고, 진심은 사라진다.

앞의 수행평가 사례도 결국 이런 사회적 분위기와 구조 속에서 비롯된 갈등이다. 학부모는 '왜 우리 아이만 그런 평가를 받았는지' 불안을 품었고, 교사는 감정을 배제한 채 기준만 반복했다. 결과적으로 설명은 해명처럼 들렸고, 방어는 불신을 자극했다. 그렇게 서로에게 상처만 남았다.

매뉴얼에 묶인 학교

교사에게 가장 어려운 순간 중 하나는 진심을 전하고 싶어도 절차를 먼저 따져야 하는 상황이다. 대중을 놀라게 할 만한 사건이나 사고가 발생할 때마다 관계 기관은 즉각 매뉴얼을 정비하고, 교사는 새로 추가된 항목들을 꼼꼼히 체크해야 한다. 이는 분명 필요에 의한 조치지만, 그 과정에서 교사의 언어는 점점 조심스러움으로 가득 차게 된다. 감정보다는 매뉴얼이, 진심보다는 문서가 우선이 되는 현실에서 교사는 더 이상 부모의 고민에 공감하는 사람이 아니라 각종 매뉴얼에 묶인 공무원으로서 민원인을 응대하게 된다.

특히 학교폭력과 같은 민감한 사안이 발생했을 때 교사는 감정을 표현하기보다는 중립의 태도를 유지하게 된다. 부모가 아이의 고통을 전하며 마음 아파할 때, 교사는 그 감정에 공감하면서도 동시에 '사실 관계를 확인해 보겠다'는 원칙적인 말로 반응하게 된다. 이 말은 상황의 객관성을 유지하기 위한 방어적 표현이지만, 부모 입장에서는 차갑고 무관심하게 들릴 수 있다. 진심을 전하지 못한 교사는 신뢰받지 못한다고 느끼고, 진심을 받아들여지지 못한 부모는 무관심하다고 느낀다. 그렇게 의도와 감정이 어긋나는 순간, 대화는 점점 단절되고 관계는 멀어진다.

이런 조심스러움은 교사만의 몫이 아니다. 학부모 역시 마찬가지다. 예민한 부모로 보이고 싶지 않고, 혹시라도 자녀에게 불이익이 돌아오지 않을까 걱정한다. 그래서 말 한마디에도 망설임이 깊어진다. 교사에게 보낼 문자 한 통을 몇 번이고 쓰고 지우며, 어떻게 말해야 정당하게 들릴까 고민한다. 교사 또한 같은 마음이다. 작은 피드백 하나를 전달할 때에도 '혹시 불쾌하게 느끼시진 않을까' 걱정하며 표현을 고치고, 문장을 누그러뜨린다. 그렇게 서로가 서로를 지나치게 배려하는 사이, 말은 줄고 감정의 교류는 점점 사라진다.

이렇듯, 학교와 가정은 상처받지 않기 위해 서로를 조심하게 되었고, 그 조심스러움은 어느새 조심스러워야만 하는 관계로 굳어졌다. 교사는 진심을 말하지 못하고, 부모는 마음을 꺼내지 못한다. 서로에게 악의가 없음에도 불구하고, 감정이 오가는 자리에 방어만 남는다. 이것이 바로, 우리가 쉽게 가까워지지 못하는 진짜 이유다.

소통의 단절, 불신의 악순환

소통이 줄면 신뢰도 함께 줄어든다. 학부모는 교사가 우리 아이를 잘 알고 있을까 걱정하고, 교사는 말이 오해받지 않을까 하는 불안을 안는다. 조심스럽게 꺼낸 말은 쉽게 오해로 이어지고, 오해는 방어로, 방어는 다시 불신으로 이어진다. 교사는 민감한 요청을 받으면 우선 기록을 남기고, 학부모는 피드백을 들으며 '이제는 말을 아껴야겠다'는 생각을 한다. 소통이 단절되면, 작은 일에도 감정의 골이 깊어진다. 시간이 지나면서 이 단절은 관계의 기본값이 되어간다.

가장 큰 문제는 이 모든 상황을 아이가 가장 먼저 감지한다는 점이다.

아이는 어른들의 눈빛과 대화를 통해 상황을 직감하고 조용히 눈치를 본다. '이건 말하면 일이 커질 거야' '그냥 참아야 해' 같은 판단을 어린 나이에 스스로 하게 된다. 그렇게 감정 표현은 줄고, 관계 회복의 연습은 사라진다.

돌아보면, 이 모든 불신과 단절은 누구도 의도하지 않은 결과였다. 교사도, 학부모도 아이를 위한 마음에서 출발했다. 그러나 불안을 키우는 사회, 경직된 제도 속에서 우리는 모두 조심스러움 - 소통의 단절을 암묵적으로 강요당했고, 어느새 익숙해진 것이다. 그렇기에 이 단절은 되돌릴 수 있다. 되돌아보는 일, 그리고 서로를 '다른 편'이 아니라는 믿음으로 다시 바라보는 일에서부터 변화는 시작될 수 있다.

같은 편이 되어주실 수 있나요?

필자는 교사이자 학부모다. 그래서 요즘처럼 교사와 학부모가 서로를 조심하고 마음을 열지 못하는 현실이 무척 마음 아프다. 신뢰가 아닌 눈치로 채워지는 공간에서 아이가 자라는 것이 두렵다. 같은 마음을 품고 있음에도 우리는 너무 쉽게 '다른 편'이 되어버렸다. 그러나 우리는 이미 알고 있다. 누구도 처음부터 갈등을 원하지 않았다. 걱정과 사랑에서 비롯된 감정이 다른 방식으로 표현되었을 뿐이다. 그리고 그 다름을 잇는 데 필요한 건 대단한 기술이 아니라, 작은 용기와 이해다.

혹시 이 글을 읽는 분이 선생님이라면, 학부모의 말보다 그 이면에 담긴 마음을 먼저 헤아려보려는 여유를 한 번쯤 떠올려볼 수 있지 않을까. 불안에서 비롯된 조심스러운 표현일 수도 있다는 점을 기억하면서, 그 마음을 '무례'가 아니라 '마음의 표현'으로 받아들여 본다면, 오해는 조금씩 줄어들 수 있을 것이다. 또한 학부모라면, 교사의 말이 다소 무심하게 들릴 때에도 그 안에 담긴 신중함과 책임감을 한 번쯤 떠올려줄 수 있지 않을까. 감정보다 절차를 먼저 고민해야 하는 교사의 입장을 떠올리며, 말보다 마음을 들여다보려는 노력이 이어진다면, 교사도 조금은 덜 두려운 마음으로 다가갈 수 있을 것이다.

같은 편이 된다는 건 실수와 오해가 있을 수 있음을 전제로 하되, 그때마다 맥락을 물어주고 조율을 택하는 자세. 아이를 향한 진심이라는 공통분모를 기억하는 마음. 그것이 우리가 회복해야 할 관계의 기본값 아닐까.

우리는 지금 서로를 오해하기 쉬운 시대를 살고 있다. 불안은 연결을 끊고 조심스러움은 거리를 만든다. 하지만 아이는 그 중간에 서 있다. 부모와 교사, 두 어른의 시선이 엇갈릴수록 아이는 더 외로워진다. 그렇기에 지금 우리에게 가장 필요한 건, 다시 묻고, 다시 연결하려는 용기다.

그리고 교사이자 부모의 자리에서 조심스럽게 서로에게 말을 건네고 싶다.

같은 편이 되어주실 수 있나요?

제 6 장

사회의 침묵과 우리 아이

모두가 알고 있지만 말하지 않는 것들

이건 다 알고 있는 거잖아요

수요일 오전, 초등학교 4학년 학부모들의 커피 모임. 겉으로는 친목이지만 실제로는 정보 교류의 장이다.

"우리는 영어, 수학, 과학 학원에 최근 코딩 학원을 추가했어요. 방과 후엔 줄넘기와 피아노, 주말엔 독서논술과 글쓰기까지. 정신없죠."

옆 학부모가 고개를 끄덕이며 말했다.

"저희도 비슷해요. 학원 시간표 짜는 게 퍼즐이에요. 학교는 잠깐 쉬는 곳 같고, 학원에서 진짜 공부하는 느낌이에요."

"지금부터 시작이죠. 고등학교 가기 전에 다 해놔야 해요. 때 놓치면 따라잡기 힘들어요."

모두가 동의하듯 웃었지만 마냥 밝지만은 않은 웃음이었다. 고개를 끄덕이면서도 마음속에선 질문이 끊이지 않았다.

'이게 정상일까? 왜 아무도 문제라고 말하지 않을까?'

대치동 아버지의 잠 못 이루는 밤

대치동에 전셋집을 얻고 고등학생 자녀를 키우는 한 아버지가 말했다. "아이 한 달 학원비가 280만 원입니다. 빠듯하게 버티고 있는데 얼마 전 아이가 그러더라고요. 왜 다른 애들만큼 학원 안 보내주냐고. 열심히 하려는 아이인데 미안하다기보다는, 그냥 허무하고 허탈했습니다. 가족들에게 말은 못했지만 무엇을 위해 이렇게까지 해야 하나, 여기에 계속 있어야 하나 고민이 되더라고요."

많은 학부모들이 공감할 이 상황은 사교육이 선택이 아닌 생존이 되어버린 결과다.
통계청의 「초·중·고 사교육비조사」에 따르면, 학생 1인당 월평균 사교육비는 조사를 시작한 2007년부터 2018년까지 20만 원대를 유지하다가 2024년에는 47.4만 원으로 50만 원에 육박한다. 대치동처럼 경쟁이 치열한 지역에서는 월 200만 원을 넘기기도 한다. 연간 수천만 원. 이는 단순한 가계부 문제가 아니라 삶의 균형이 무너지는 지점이다.

말하지 않는다는 건,
말할 수 없다는 뜻이기도 하다

대한민국의 학부모들은 늘 선택의 기로에 선다. 아이를 위해 더 나은 교육 환경을 제공하고 싶고, 친구들 사이에서 뒤처지지 않게 도와주고 싶다. 그러나 그 선택들이 점점 하나의 공식처럼 굳어지고 있다.

학원 몇 개 + 수행평가 준비 + 선행학습 + 정보 교류

어떤 학부모는 이 공식을 따르지 않으면 무책임한 부모처럼 비춰질까 봐 '이건 아닌데'라는 마음속 저항도 묻어둔다. 말하는 순간 노력하지 않는 부모라는 낙인이 찍히고 아이에게까지 영향을 끼칠까 불안해서다. 그래서 말하지 않는다. 아니, 말할 수 없는 분위기 속에 침묵한다. 모두가 알고 있지만 말하지 않는 것들은 그래서 더 깊고 고착된 구조가 된다.
학교 수업보다 선행학습이 더 중요하다고 믿는 사회 분위기에서, 학교는 더 이상 교육의 중심이 아니고 학원은 더 이상 보조가 아니다. 어떤 학부모는 "학원을 끊었더니 학교가 너무 불안해졌어요."라고 말하고, 어떤 교사는 "아이들이 수업 시간에 집중을 안 해요. 학원에서 다 배워와요."라고 토로한다.
모두가 이 구조가 정상적이지 않다는 것을 알고 있다. 하지만 잘못되었다고 말하며 다른 선택을 하는 학부모는 적다. 왜냐하면, 그러한 선택을 하는 순간 우리 아이만 뒤처질까 봐 두렵기 때문이다. 그래서 학원은 선택이 아니라 불안에 대한 보험이 되었다. 우리 사회가 바뀌지 않기에, 각자 생존 전략을 짜고 있다.

입시가 다가올수록 그 구조는 더 공고해진다. 고등학교에 진학하면 '수능', '수시', '내신', '학생부'라는 단어들이 삶을 지배하기 시작한다. 고등학생 학부모 모임에선 입시설명회 정보, 유

명 강사 추천, 면접 컨설팅 후기 등이 공유된다. 아이들은 매일 아침 일찍 등교해서 밤늦게까지 학원과 과외 수업을 하고, 시험공부와 수행평가와 과제 사이를 오가며 버틴다. 입시는 하나의 전쟁이 되었고, 부모는 전략가가 되었다.
하지만 이 전쟁에 진정한 승자가 있을까. 수많은 청소년이 번아웃에 시달리고, 대학 이후에도 삶의 방향을 찾지 못한 채 방황한다.

변화는 말하기에서 시작된다

이 구조를 깰 수 있는 첫걸음은 말하는 것이다. “이건 이상한 것 같아요.”라는 말 한마디가 변화의 시작이다. 학부모가 먼저 불편한 진실을 말하기 시작할 때 지금의 견고한 구조가 조금씩 금이 간다. 물론 쉽지 않다. 하지만 침묵이 우리 아이들에게 어떤 세상을 남겨줄까 생각해 보면 더 이상 조용히 있을 수 없다.
부모는 아이의 행복을 위해 가장 용감해질 수 있는 존재다.
거창한 회의실이 아니어도 된다.
작은 모임에서, 학부모들과의 소소한 대화에서, 교사와의 면담에서, “이건 뭔가 이상하지 않아요?”라는 질문이 던져질 수 있다면, 우리는 이미 바뀌고 있는 것이다. 학부모들이 교육 개혁에 주체성을 가지고 참여할 때, 교육은 보다 나은 방향으로 나아갈 수 있다. 천정부지로 치솟는 사교육비가 더 이상 가계에 부담이 되지 않도록, 공교육이 올바른 길로 나아갈 수 있도록,

학부모가 주체가 되어 학교에, 교육청에, 사회에 변화를 요구하고 협력해야 한다.

학부모가 할 수 있는 작지만 중요한 실천

* 학부모 모임에서 질문을 꺼내자.

"지금 이게 맞는 걸까요?" "우리 아이들, 지금 행복하게 크고 있는 걸까요?"라는 질문을 조심스럽게 던져보자. 침묵의 구조를 깨는 첫 단추는 질문이다.

* 학교에 작은 변화를 제안하자.

성적이 아니라 성장이 교육목적이 되도록, 평가 방식 등에서 불만이 아닌 변화를 위한 피드백을 전달해 보자.

* 가정에서부터 삶의 균형을 잡자.

사교육을 줄이고, 아이와 함께 책을 읽고 대화하며 일상의 질문을 탐구해 보자. 그 작은 변화가 아이의 삶을 바꾼다.

말하지 않으면 아무것도 바뀌지 않는다. 침묵은 보호가 아니라 반복의 시작이다. 학부모가 용기 내어 말할 때, 변화는 가정에서 시작되어 학교로, 사회로 확산된다. 그리고 아이들도 자신을 표현할 수 있는 사회 속에서 건강하게 성장할 수 있다.

대한민국 교육은 누구를 위한 것인가

아이의 지친 눈빛, 대한민국 교육 현실을 묻다

중학교 마지막 시험을 마치고 돌아온 날, 아이의 얼굴은 유난히 지쳐 있었다.

"오늘 시험 어땠어?"
내 질문에 아이는 힘없이 가방을 내려놓으며 대답했다.

"그냥… 문제집에서 봤던 거 나왔어."
한때 뭐든 궁금해하던 아이였다. 하지만 언제부턴가 시험 이야기를 꺼내면 눈빛이 흐려졌다. 학교 수업이 재미없다는 말도 자주 했다.
초등학교 시절엔 학교 교육만으로도 충분하다고 믿었다. 하지만 고학년이 되자 주변 친구들이 하나둘씩 학원과 학습지를 시작했다. 나도 불안했다. 혹시 우리 아이만 뒤처지면 어쩌지? 라는 막연한 두려움 속에 결국 아이를 학원으로 내몰았다.
그 후 아이의 하루는 문제집과 시험, 등급으로 채워졌다. 늦은

밤까지 학원을 오가며 지친 눈으로 돌아오는 날들이 반복됐다. 놀이터 대신 책상 앞에, 꿈 대신 성적표 앞에 서 있는 아이를 보며 묻지 않을 수 없었다.

이렇게까지 해야 하는 이 교육은, 도대체 누구를 위한 것일까?

경쟁의 도구가 된 교육

지금 우리가 마주한 대한민국 교육은 아이의 잠재력을 키우고 삶을 풍요롭게 하는 과정이라기보다, 입시라는 좁은 문을 통과하기 위한 전쟁터에 가깝다. 높은 사교육 참여율과 가계 부담은 이 현실을 단적으로 보여준다. 통계에 따르면 많은 가정이 소득의 상당 부분을 사교육에 지출한다. 문제는 이 부담이 단지 경제적 차원에 그치지 않는다는 점이다. 소득에 따라 교육 기회가 갈리는 구조는 교육 격차를 심화시키고, 결과적으로 사회 불평등을 고착화시킨다. 공교육만으로는 부족하다는 불안 속에 학부모들은 울며 겨자 먹기로 사교육 시장에 의존한다. 하지만 이 과정은 본래 교육의 목적보다는, 경쟁에서 앞서가기 위한 수단으로서의 교육을 강화할 뿐이다.

학업 성취의 그림자, 아이들의 심리적 피로

교육 성과는 분명 존재한다. 우리나라 학생들은 OECD 평가에서 수학·읽기·과학 등 주요 과목에서 상위권을 기록한다. 하지만 그 이면에는 어두운 그림자가 드리워져 있다. PISA 2015 학생 웰빙 보고서에 따르면, 우리나라 학생들이 학업 성취도는 높지만 학업 스트레스 지수는 OECD 평균을 훨씬 웃돈다. 삶의 만족도는 낮고, 신체 활동 참여율은 현저히 떨어진다. 공부는 잘하지만 정작 행복하지 않다는 뜻이다.

학교 소속감 지수는 평균 이상으로 나타났지만, 이는 아이들이 학교에 붙잡혀 있다는 의미에 가까울 수 있다.

학교가 어쩔 수 없이 다녀야 하는 곳, 즐겁기보단 견뎌야 하는 곳으로 인식되기 때문이다. 결국, 우리 교육은 아이들의 인지능력을 기르는 데는 성공했을지 몰라도 학생들의 정서적 안정, 신체 건강, 자아 성장이라는 측면은 외면하고 있는 셈이다.

교육의 목적은 무엇이어야 하는가?

현장 교사들도 어려움을 겪는다. 잦은 교육과정 개편과 입시제도 변경은 혼란을 가중시키고, 교사들은 수업 외에도 과도한 행정 업무에 시달린다. 학생 개개인에 맞춘 교육은 이상일 뿐, 현실에서는 어렵다. 학교는 함께 배우고 성장하는 공간이 아니라, 정해진 커리큘럼을 소화하고 평가를 통과하는 관문으로 인식되고 있다. 결국 공교육마저도 아이와 부모, 교사의 필요가 아닌, 사회의 선별 기준에 맞춘 시스템처럼 작동하고 있다. 대한민국 교육은 지금 아이 한 명 한 명의 개성과 잠재력을 발견하고 키우기보다, 정해진 기준에 따라 아이들을 평가하고 줄 세운다. 이런 구조 안에서 학부모는 불안에 떨며 사교육을 택하고, 아이는 끝없는 경쟁에 지쳐간다.

이쯤 되면 물어야 한다.
지금 우리가 아이에게 주는 교육은 정말 그 아이를 위한 것인가?
아니면, 사회가 만든 성공이라는 틀에 아이를 맞추기 위한 것인가?

우리 아이를 위한 교육, 학부모가 만드는 변화

이 거대한 교육 시스템 앞에서 학부모가 할 수 있는 일이 있을까?
물론 있다. 작지만 분명한 실천들이, 우리 아이를 지키는 힘이 될 수 있다.

*** 아이의 행복과 건강에 최우선 가치를 두자.**

성적이나 등급보다, 아이가 무엇에 흥미를 느끼고 어떤 재능을 가졌는지를 먼저 바라봐야 한다. 스트레스를 느낄 때, 그 감정을 알아차리고 공감해 주는 것, 아이가 실패했을 때, 꾸짖기보다 함께 고민해 주는 것, 아이에게 가장 큰 정서적 지지자는 부모다.
공부를 잘하는 아이 이전에, 건강하게 성장하는 아이가 우선이다.

＊사교육과 공교육 사이에서 균형을 찾자.

무조건적인 사교육 의존은 오히려 아이를 지치게 한다. 학습의 목적이 점수가 되어서는 안 된다. 사교육이 필요한 경우라도 그 시간과 방법을 신중히 선택해야 한다. 아이에게 여유 있는 시간, 친구와의 관계, 스스로 생각하고 탐색할 수 있는 기회를 보장해 주자. 또한 학교와의 소통을 통해 공교육의 장점을 최대한 끌어내는 노력도 필요하다.

＊목소리를 내고 함께 연대하자.

혼자서는 바꿀 수 없다. 그러나 함께라면 가능하다. 학부모 커뮤니티, 교육 관련 단체, 학교 운영위원회 활동 등을 통해 교육 정책에 참여할 수 있다. 작은 변화라도 만들기 위해 우리는 지켜보는 이에서 함께 움직이는 이가 되어야 한다.

우리 아이의 교육은 결국, 우리 손에 달려 있다. 대한민국 교육을 하루아침에 바꾸긴 어렵다. 하지만 아이에게는 말해줄 수 있다.

"너는 존재만으로 소중하고, 성적보다 더 중요한 가치들이 있어."

이 메시지가 아이의 마음에 닿기를.
그리고 그 아이가 경쟁 속에서도 자신을 잃지 않기를…
그 시작은 학부모인 우리의 작은 변화에서부터 비롯된다.
우리 아이를 위한 교육, 우리가 만들어 갈 수 있다.

마음 한 칸, 생각 메모

마음이 들려주는 이야기를 남겨 보세요.

학부모가 교육 개혁을 이끌 수 있을까?

"지금 정치보다 더 어렵고 고통스러운 건 교육이다."

최근에 만난 한 학부모가 한 말이다. 공감이 가서 절로 고개가 끄덕여지고 한숨이 나왔다. 교육 개혁은 수십 년째 우리 사회의 과제였고, 그때마다 다양한 정책들이 발표되었다. 하지만 실제로 무엇이 얼마나 바뀌었는지 묻는다면 머뭇거리게 된다. 그만큼 교육의 문제는 고질적이고 변화는 더디다.

사람들은 교육 개혁의 주체로 흔히 정부, 교육청, 교사를 떠올린다. 그러나 교실 밖에서 교육의 방향을 결정짓는 또 다른 강력한 주체가 있다. 바로 학부모다. 학교와 학원을 오가며 아이의 시간표를 설계하고, 학원을 고르고, 진로와 입시 정보를 찾아 헤매는 일상 속에서 학부모는 누구보다 생생하게 교육 현실을 체감한다. 공교육의 허점을 메우기 위해 지갑을 열고 발로 뛴다.

그러나 이상하게도 학부모는 늘 개혁의 대상으로만 언급된다. 때로는 과잉 개입의 문제로, 때로는 사교육 의존의 상징으로, 때로는 정보 격차를 심화시키는 존재로 말이다. 하지만 정말 그게 전부일까? 우리는 이 질문을 던져야 한다.
'학부모는 구조의 피해자이기만 한가, 아니면 변화를 이끌 수 있는 주체인가?'

개인의 선택이 구조를 흔든다

교육은 삶을 위한 도구이다. 하지만 현실에서는 어떻게 살 것인가라는 본질적 질문보다 어떻게 더 빨리, 더 많이, 더 높이 성취할 것인가가 교육의 목적이 되어버렸다. 공부가 행복한 삶을 위한 수단이 아니라, '공부 잘함' 그 자체가 인생의 자격처럼 여겨지고 마치 성공을 획득하기 위한 절대 기준이라도 되는 듯하다. 성적은 아이의 성실함을 평가하는 잣대이자, 부모의 헌신을 증명하는 지표가 되고, 진학한 대학의 이름은 곧 가족의 사회적 지위로 연결된다. 그래서 부모는 쉽게 흔들린다.
"좋아하는 걸 하게 해주자."라고 말하면서도,
"그래도 대학은 가야지."라고 말하고,
"그걸 해서 먹고살 수 있겠니?"라는 질문을 건넨다.
지금 우리 사회에서 교육은 아이의 삶을 이끄는 방향이 아니라 점수로 환산되는 결과물이 되어가고 있다. 그리고 우리는 어느새, 그 점수표를 진짜 삶이라 믿고 있는지도 모른다.

학부모는 매일같이 선택한다. 지금 시키지 않으면 뒤처질지도 모른다는 불안과 지금은 아이의 리듬을 존중해 줘야 한다는 믿음 사이에서 끊임없이 갈등한다. 이 선택의 축적이 결국 한 세대의 교육 문화를 만들어낸다. 지금의 구조를 유지시키는 것이 누구인지 상기해 보면, 학부모 개개인의 작은 선택이 바로 교육 개혁의 출발점임을 알 수 있다.
정책은 느리고 복잡하며 정권이 바뀌면 사라지기도 한다. 그러나 학부모의 선택은 매일, 지금 이 순간 이루어진다. 그 축적은 어떤 정책보다 강력한 힘을 발휘할 수 있다.

미국에서는 학부모가 교육 개혁의 실질적인 주체로 나선 사례가 있다.
2014년, 뉴욕을 중심으로 학부모들이 자녀의 표준화 시험을 거부하는 운동을 주도했다. 이 시험은 아동낙오방지법에 따라 3학년부터 8학년까지 학생들의 실력을 평가하기 위한 것이다. 하지만 시험 점수가 부모의 경제력과 정비례한다는 연구 결과로 인해 성적의 가장 큰 변수가 가족의 소득이라는 결론이 도출됐다. 당시 이 법을 지지했던 미국교육부 차관보는 자신의 생각이 틀렸음을 공식 석상에서 말하면서 시험 제도의 한계와 공정성 문제를 인정했다.
이러한 흐름 속에서 뉴욕주 학부모들은 자녀의 시험을 거부했고, 2015년에는 전체 학생의 약 20%가 시험을 치지 않았다. 한 전직 교사이자 대학교수인 학부모는 학술 연구를 발표해 시험이 교육과정을 제한하고 학생들에게 과도한 스트레스를 주는 학교 환경을 조성하며 학습 동기를 떨어뜨린다고 비판했다. 많은 학부모들도 아이들이 시험 준비에 소비하는 시간이 지나치다고 우려했다. 이 운동은 단순한 항의에 그치지 않고 정책 변화로 이어져, 시험 난이도가 조정되었고 학부모의 참여와 의견 수렴이 강화되었다.
이 사례의 핵심은 '시험 거부'가 아니라, 학부모의 선택이 교육 제도의 변화를 만들어낼 수 있다는 점에 있다. 익숙한 구조에 순응하기보다, 아이들의 삶과 교육의 방향을 고민하고 행동으로 옮긴 것이 변화를 이끌었다. 학부모가 자녀를 위해 목소리를 내는 참여자이자 개혁의 동력임을 보여준 것이다.

독일은 학부모의 학교 운영 참여가 적극적이고 제도적으로도 잘 정착되어 있는 나라다.
독일 사회에서 교사는 학생 발달에 중요한 역할을 하긴 하지만 교육을 전적으로 책임지는 존재로 보지 않는다. 학교는 단순히 학업 성취를 위한 공간이 아니라 가정과 함께 아이의 성장을 이끌어가는 공동체로 인식된다. 특히 초등학생의 경우 학부모와 교사가 함께 장기적인 관찰자이자 조력자로 협력하는 것이 사회적 합의로 자리 잡고 있다.
2023년 쾨버 재단이 12세부터 18세 자녀를 둔 학부모 1,000여 명을 대상으로 한 설문 조사에 따르면, 교육을 잘 받고 성공적으로 취업하는 데 가장 중요한 요인으로 자녀의 자기 책임을 꼽았고, 그다음으로 부모의 역할을 들었다. 이를 반영하듯 독일 학부모들은 교육의 주체로서 학사 일정, 급식, 교사 충원, 학습 환경 등 학교 운영 전반에 실질적인 의견을 제시하고 의사 결정에 참여한다. 학기마다 정기적으로 열리는 '학부모의 밤'을 통해 교사와의 소통도 활발하게 이뤄진다. 독일의 학부모는 교육의 소비자가 아니라 공동 설계자다.

우리 사회에서도 이런 구조가 충분히 가능하다. 학부모의 관심과 참여가 모이면 교육의 방향을 바꿀 수 있다.

혼자서는 어렵다, 함께라면 가능하다

많은 학부모가 "공교육을 신뢰할 수 없다."라며 사교육을 선택한다. 하지만 그 선택이 사교육 시장을 키우고 공교육의 기반을 약화시킨다는 사실은 종종 간과된다. 내 아이만 잘되면 된다는 사고가 반복될수록, 교육의 본질은 멀어지고 구조는 고착된다. 이제는 교육의 소비자에서 벗어나 교육의 주체로 나서야 한다.

학부모는 혼자일 때는 불안하지만 함께할 때는 강하다. 학교나 교육청이 가장 민감하게 반응하는 것은 여론이고, 그것은 다름 아닌 학부모의 조직된 목소리다. 우리는 너무 오랫동안 교육 개혁을 정치에 맡겨왔다. 하지만 돌아보면 정치권은 교육을 표심을 얻기 위한 수단으로 이용했을 뿐이다. 진짜 변화는 늘 삶의 자리에서 시작되었다.

학부모는 누구보다 교육에 가장 많은 시간과 비용을 지불한다. 학부모의 일상이, 선택이, 연대가 교육의 방향을 결정짓는 힘이고 교육의 미래다. 각자의 실천이 연결되고 목소리를 함께할 때 교육은 달라질 수 있다. 우리 아이들과 다음 세대를 위해 우리가 먼저 바뀌어야 한다. 이 질문을 학부모들에게 남겨본다.

"나는 오늘, 어떤 선택으로 이 구조를 유지했는가? 혹은 흔들었는가?"

"지금, 나부터 달라질 준비가 되어 있는가?"

교육의 방향을 바꾸는 변화의 주체가 되려면

* 참여하자.

교육청 공청회, 학교운영위원회, 학부모회 등에서 목소리를 내자. 어차피 안 바뀐다는 체념을 버리고, 내 아이가 다니는 학교부터 바꿔보자.

* 연결하자.

혼자의 목소리는 약하지만 연결된 목소리는 힘이 된다. 교육 정책 토론회에 참여하고 지역별 학부모 네트워크를 만들고, SNS와 온라인 커뮤니티에서 의견을 모아 함께 정책을 제안하자.

* 요구하자.

공교육이 제 역할을 못하면 사교육 의존은 커질 수밖에 없다. 교육 프로그램 다양화, 교육 격차 해소, 교사 역량 강화 등은 학부모의 관심과 요구가 모일 때 정책으로 반영된다.

* 성찰하자.

성적 중심의 시선을 거두고 아이 중심의 교육을 고민하자.
지금 우리 아이에게 필요한 것은 무엇인가?
상위권 대학과 안정된 직장만이 정답인가?

변화는 거창한 이념이 아니라, 작지만 용기 있는 선택에서 시작된다. 다양한 삶의 가능성을 열어주는 방향으로 지금 우리부터 행동하자.

마음 한 칸, 생각 메모

마음이 들려주는 이야기를 남겨 보세요.

교육 맹신 사회의 딜레마

가정이라는 첫 번째 교육 설계자

한 학부모는 아이가 초등학교에 입학하던 해에 3개의 학원을 등록했다.

"다들 그렇게 하더라고요. 우리 아이만 안 하면 불안하잖아요."

아이보다 부모가 더 긴장했다. 영어 알파벳을 모르는 게 마치 '뒤처짐'처럼 느껴졌고, 유치원 때 놓친 수학 개념이 아이의 미래를 좌우할까 걱정됐다. 시작은 분명 아이를 위한 선택이었다. 그러나 어느 순간, 그 결정이 아이보다 부모 자신의 안심을 위한 것으로 바뀌기도 한다.

'그렇게 하지 말아야지.' 다짐하면서도 손이 먼저 가는 학원 상담 신청서.

'아이 주도성을 키우겠다.' 말하면서도 책상 앞에 아이를 앉히는 매일의 잔소리.

부모들은 흔히 말한다.

"내 아이만큼은 자유롭게 키우고 싶어요."

하지만 어느 순간, 이렇게 말한다.
"지금 참고 열심히 해야 나중에 편해져."
그리고 아이의 생활은 학습 스케줄과 학원 시간표로 빼곡히 채워진다. 모순을 알면서도 빠져나오기 어려운 이유는, 혹시 우리 아이만 뒤처지지 않을까 하는 불안과 그래도 공부가 답이라는 믿음 때문이다. 교육은 아이의 미래를 위해 필요하지만, 때때로 부모의 감정을 달래주는 역할을 하기도 한다. 중요한 건 그 균형을 찾아가는 것이다.

교육 맹신은 사회 구조의 문제다

"일단 좋은 대학에 가야 그다음이 열린다."
"그래도 학벌이 중요하지."

아마 우리 모두 어릴 적 부모님이나 학교에서 한 번쯤은 들어본 말일 것이다. 시대가 변했다고는 하지만 이런 믿음은 여전히 많은 가정에서 조용히 작동하고 있다. 겉으로는 다양성과 진로 중심 교육을 이야기하지만, 실제로는 수능 성적과 대학 서열, 입시 실적이 교육의 중심축이다.
우리 사회는 교육에 대한 믿음이 매우 강하다. 교육을 통해 계층 상승이나 안정된 삶을 이루었던 경험이 축적된 결과이기도 하다. 문제는 때때로 이 믿음이 너무 강해서 다른 가능성을 바라보지 못하게 만든다는 점이다. 교육은 중요한 수단이지만 유일한 해답이 아니다. 교육이 사람의 가치를 정하고 삶의 방향을 일률적으로 결정짓는 역할을 할 때, 교육은 맹신이 되고 왜곡된다.

많은 부모들이 마음속에 이런 질문을 품는다.
'정말 공부가 다일까?'
'좋은 대학에 가면 아이가 행복해질까?'
'나는 왜 이렇게까지 아이를 밀어붙이고 있을까?'
하지만 질문은 오래 머물지 못한다. 이 구조에서 벗어나면 우리 아이만 뒤처질 것 같은 불안이 결국 다시 학원을 검색하게 만들고, 비교를 시작하게 한다.
학원은 학부모의 불안을 전략적으로 활용한다.
'○○대 10명 합격', '1년 선행 완료반', '입시 전문가 밀착 관리' 같은 문구와 "이 커리큘럼만 따라오면 ○○대 보낼 수 있어요." 라는 말은 불안을 자극하면서도 동시에 해소해 줄 것 같은 희망을 건넨다.
학교 또한 입시 실적을 경쟁력으로 삼는다. 성적 위주 평가에서 벗어나지 못하고, 명문대 합격자 수를 성과로 내세운다. 정책은 성적 중심 교육을 지양하겠다고 말하지만, 정작 입시 제도는 여전히 줄 세우기 방식이다.
모두가 지금의 교육이 문제라고 말하고 건강하지 않다는 것을 알고 있다. 하지만 누구도 쉽게 벗어나지 못한다. 그 이유는 단순히 제도의 문제가 아니라, 부모로서 자신의 선택이 틀렸을지 모른다는 두려움 때문이다.

교육에 과도한 기대를 거는 것은 개인의 선택처럼 보이지만, 사실은 사회 구조의 반영이다. '내가 못 배워서 이 고생을 했다'는 경험과 '공부해서 성공한 사람들'의 이야기가 차곡차곡 쌓이면서 '그래도 공부가 최고다'라는 생각이 하나의 신념처럼 굳어졌다. 좋은 대학을 나와야 안정된 직장을 얻을 수 있고, 자녀의 학업적 성과가 곧 부모의 사회적 지위와 연결되는 구조는 '교육=생존'처럼 느껴지게 한다. 구조가 문제라고 말하지만, 그 구조가 무너질 때 생존의 기반까지 흔들릴까 두렵다. 교육 맹신은 교육에 대한 확신이 아니라 불안의 결과다.

성적은 올랐지만 자존감이 낮은 아이, 좋은 대학에 갔지만 진로를 찾지 못한 아이, 스펙은 있지만 관계가 서툰 아이. 그런 모습을 보며 다시 질문하게 된다.

'정말, 공부만 잘하면 다 되는 걸까?'

교육은 답이 아니라 질문이어야 한다

교육은 삶에 대한 질문을 던지는 과정이다. 진정한 교육은 정답을 제시하는 것이 아니라 스스로 질문을 던질 수 있게 하는 데 있다. 그러나 지금 우리 사회는 '왜 공부해야 하는지'에 대한 대화는 없이 '공부해야 한다'는 말만 넘쳐난다. 성적을 올리는 방법은 가르치지만, 내가 어떤 사람이고 무엇을 좋아하는지는 묻지 않는다.

부모는 함께 질문하고 고민하는 존재여야 한다. 불안을 받아들이고, 성공보다 성장을 응원하는 어른이어야 한다.

“우리 아이의 행복은 어디서 시작될까?”

“나는 아이를 통제하고 있진 않은가?”

이 질문들은 때론 불편하고, 죄책감을 건드릴 수도 있다. 하지만 이 질문을 외면하면 아이의 삶을 성적과 경쟁으로만 바라보게 된다. 그리고 다음 세대에도 “그래도 결국은 공부야.”라는 똑같은 말을 물려주게 될 것이다.

인정에서 시작되는 변화

교육 맹신에서 벗어나기 위한 첫걸음은 감정을 인정하는 것이다.

‘나는 두렵다.’

‘내 아이가 실패하길 원하지 않는다.’

‘경쟁에서 뒤처질까 봐 걱정된다.’

이러한 감정을 억누르지 않고 마주보아야 한다.

부모는 때로 교육을 통해 아이에게 보상받고 싶어 한다. 자신의 부족함, 불안한 사회, 불투명한 미래에 대한 대리만족으로 아이의 성취를 기대하게 된다. 하지만 아이는 부모 대리인이 아니다. 교육은 아이의 가치를 증명하는 수단이 아니라, 아이의 삶을 넓혀주는 도구여야 한다.

학부모가 아니라 다시 부모가 되어야 한다.
성적보다 노력과 태도를 칭찬하고, 스스로 성공의 기준을 다시 정의하는 용기를 내야 한다. 그렇게 가정에서 시작된 변화가 학교로, 사회로 번져나갈 수 있다.
우리가 정말 믿어야 할 것은 교육 그 자체가 아니라, 아이의 성장 가능성과 그것을 지켜보는 어른의 성숙이다. 다른 아이와 비교하는 대신 우리 아이의 리듬과 가능성에 집중하자. 아이가 던지는 질문, 실패하는 경험, 작은 호기심 하나까지도 소중한 성장의 언어로 바라보자. 그것이 교육을 통해 아이와 함께 성장하는 길이며 더 행복한 미래를 맞이하는 방법이다.

교육이 중요한 것은 분명하다. 우리는 교육을 믿되 성찰적으로 믿어야 한다. 정답이 아니라 방향을 찾게 해주는 과정으로, 성공이 아니라 성장의 방향으로. 아이를 점수로만 평가하지 않고 그 아이만의 시간과 가능성을 들여다보는 것. 시험보다 대화를, 비교보다 공감을 선택하는 것. 그리고 대화 속의 고민과 감정을 함께 나누는 것.
그것이 공부를 더 잘하게 만드는 학부모가 아니라, 아이를 더 깊이 이해하는 부모가 되는 길이다.

선택은 자유가 아니라 책임이었다

제도는 바뀌었는데, 왜 나는 더 불안할까?

"이제 고등학교에서 아이들이 과목을 선택한대."

"우리 아이는 아직 진로도 모르는데, 뭘 어떻게 고르라는 건지 모르겠어."

최근 몇 년 사이 학부모들이 가장 자주 이야기하는 주제는 고교학점제와 교육과정 개편이다. 뉴스에서는 2022 개정 교육과정이 미래형 학습으로 나아가는 전환점이라고 말하고, 교육부는 고등학교에서도 학생 선택 중심 교육이 본격화된다고 설명한다. 아이들이 진로에 따라 과목을 선택하고, 학점을 이수해서 졸업하는 구조로 바뀐다는 것이다. 언뜻 들으면 교육이 더 자유롭고 유연해졌다는 인상을 준다.

그러나 정작 그 중심에 있어야 할 학생과 학부모는 이 변화에 대해 충분히 이해하지 못하고 있다. 고등학교에 갓 입학한 아이를 둔 부모 입장에서는 혼란스럽기만 하다. 아이는 영어와 수학 중 무엇을 더 좋아하는지도 모르고, 성적도 아직 불안정한데, '진로에 맞는 과목을 택하라'는 말만 들려온다.

부모는 묻는다. 선택은 하겠지만, 그 선택의 결과는 누가 책임지는가. 진로에 맞는 교과목은 어느 것일까? 대학은 어떤 과목을 선호하는가? 이 정보를 과연 학교가 제공해 주는가? 아니면 결국 학원에 기대야 하는가?
제도는 바뀌었지만, 가정은 더 큰 불안과 책임을 떠안게 되었다. 선택의 자유는 오히려 부담스러운 책임으로 다가오고, 비교와 불안 속에 자신을 몰아넣게 된다. 정책은 학생 중심을 강조하지만, 현실은 여전히 정보 중심, 경쟁 중심이다. 변화된 것은 교육 제도지만, 실제로 바뀌어야 할 삶의 감각과 관계는 여전히 제자리에 머물러 있다.

이름만 달라진 교육, 무게는 더 커졌다

2022 개정 교육과정의 핵심은 학생 중심과 선택권 강화다. 모두가 동일한 교과서를 배우던 시대에서 벗어나, 학생 스스로 배움의 경로를 설계하고 자신에게 필요한 학습을 선택하는 유연한 체계를 만들겠다는 것이다.
하지만 이 변화가 실제로 학생들의 일상에 어떻게 작용할지는 아직 불확실하다. 학교마다 개설 가능한 과목 수는 다르고, 지역이나 시설 여건에 따라 선택의 폭도 크게 차이 난다.

종로학원이 전국 고교 41곳을 대상으로 고교학점제 개설 과목 현황을 분석한 결과, 전국 단위 자사고인 A 학교의 개설 과목이 127개로 가장 많았다. 개설 과목 수가 가장 적은 학교는 지역의 소규모 일반고인 B 학교로 63개에 불과했다.
전국 단위 자사고 6곳의 평균 개설 과목 수는 105.3개, 학생 수가 많은 서울 지역 일반고 10곳의 평균은 100.8개, 서울 자사고 10곳 평균은 100.2개로 100개를 상회했다. 학생 수가 적은 서울 일반고 10곳 평균은 97.7개였다. 이에 반해 지역 소규모 일반고 5곳 평균은 75.6개에 그쳤다.(국제신문, 2025.5.11.)
배우고 싶은 과목이 있어도 학교에 교사가 없거나 인프라가 부족하면 선택은 사실상 불가능하다. 결국 선택은 있는 듯하지만 실질적으로는 없는 것이 되고, 부모의 불안은 커진다. 전략적인 선택을 하려면 사교육이나 입시 컨설팅에 의존해야 한다면, 과연 공교육에서 말하는 '선택권'은 누구를 위한 것인지 되묻게 된다.

고교학점제는 학생이 진로에 맞는 과목을 선택해 학점을 이수하고 졸업하는 제도다. 그런데 과목별로 평가 방식도 다르고 성적 분포도 달라 학부모가 직접 내신 계산법까지 익혀야 하는 상황이 벌어지고 있다. 이 때문에 학점은 또 하나의 내신처럼 여겨지기도 한다. 결국 흥미보다는 등급 따기 쉬운 과목을 택해야 하는 현실 속에서, 부모는 더 복잡하고 세밀한 판단을 요구받는다.

수능 체계도 꾸준히 변화하고 있다. 2021학년도부터는 국어·

수학에 선택 과목이 도입되었고, 2028학년도부터는 통합형 수능이 예고되어 있다. 융합형 사고력 평가를 지향한다는 취지 아래 수능은 점점 더 복잡해지고, 과목 선택에 따라 대학 입시의 유불리가 생기기도 한다. 이처럼 민감하고 정교한 정보는 대부분 공교육이 아닌 사교육에서 얻을 수밖에 없는 구조다. 교육의 자율성과 다양성을 확대하는 방향은 분명 옳다. 그러나 준비되지 않은 학생과 학부모에게는 이 모든 변화가 단지 낯설고 부담스러울 뿐이다. 부모는 다시 묻는다. 선택은 한다. 그런데 그 기준은 어디에 있고, 그 책임은 누구의 몫인가.

제도가 아닌 삶이 바뀌어야 한다

교육 제도는 때로 모든 문제를 해결할 수 있는 도구처럼 제시되곤 한다. 하지만 제도는 구조일 뿐이고, 교육은 관계이며 문화다. 선택권을 부여한다고 해서 곧 의미 있는 선택이 이루어지는 것은 아니다. 과목을 고른다고 해서 학생이 곧 교육의 주체가 되는 것도 아니다.

선택은 타인과의 관계 속에서 가능해진다. 함께 고민하고 조언해주는 사람이 있어야 하며, 학교와 가정은 아이가 실패하거나 방향을 바꿔도 안전하게 다시 시작할 수 있는 환경을 제공해야 한다. 그러나 지금의 정책 변화는 선택은 너희가 하라고 말하면서도, 그 선택을 위한 정보와 여건은 각자의 몫으로 돌려놓고 있다.

정보는 민간에 있고, 결정은 가정에 맡겨지며, 책임은 고스란히 학생과 부모에게 전가된다. 제도는 바뀌었지만, 관계는 더 멀어졌고, 문화는 여전히 경쟁 중심이다.

학교 현장도 제대로 준비되지 않았다.
선택 과목 운영을 위한 교사 배치, 교실 확보, 교원 역량 개발, 평가 체계의 정비 등은 여전히 과제로 남아 있다. 학부모들은 고교학점제라는 새로운 변화가 가져오는 불확실성 속에서 나름의 대책을 찾기 위해 사교육에 의존할 수밖에 없게 된다. 어떤 과목을 선택해야 할지, 고교학점제 시행과 더불어 대학 입시까지 어떻게 바뀔지 모르는 상황에서 지푸라기라도 잡는 심정으로 인터넷을 헤매며 정보를 수집하거나 고액 컨설팅을 받기도 한다. 하지만 그렇게 컨설팅을 받아도 뚜렷한 해답을 얻기는 어렵다. 과목 선택에 정답은 없기 때문에 학부모의 불안은 더욱 커지고 그 불안은 또 다른 사교육 시장으로 이어진다.

교육과정과 입시 제도의 엇박자는 학생, 학부모, 교사 모두를 혼란에 빠뜨린다. 교육과정의 이상적인 목표는 대학 입시라는 현실 앞에서 번번이 무력해진다. 교육은 개인이 혼자서 감당할 수 있는 일이 아니다.
아이 혼자 선택할 수 없고, 교사 혼자 대비할 수 없으며, 부모 혼자 짊어질 수 없는 구조다. 지금 필요한 것은 제도를 새로 설계하는 것이 아니라, 그 제도가 작동할 수 있도록 돕는 기반과 문화, 그리고 연결된 공동체의 회복이다.

부모는 교육의 주체다

변화하는 교육 정책 앞에서 가장 중요한 것은, 부모가 단순한 수혜자나 이행자가 아니라 교육의 주체라는 인식을 되찾는 일이다. 지금 이 제도를 살아가는 존재는 아이들이고, 그 옆에서 함께 겪는 존재는 부모다. 부모는 수동적인 수용자가 아니라, 변화를 해석하고 적용하며 때로는 비판할 수 있는 능동적 참여자여야 한다.

교육청과 교육부는 부모가 충분히 이해하고 참여할 수 있는 구조를 마련해야 한다.
가정 안에서도 변화 자체를 두려움이 아니라 탐색의 기회로 바라보는 태도가 필요하다. 완벽한 전략이 없어도 된다. 중요한 것은 지금 아이가 어떤 감정을 느끼는지, 어떤 성향을 보이는지, 어떤 속도로 성장하고 있는지를 주의 깊게 살피는 일이다. 그 지점에서 모든 선택의 기준이 시작될 수 있다.

불확실성은 어쩌면 지금 교육의 가장 솔직한 모습일지도 모른다.
그러나 부모가 그 불확실성을 함께 살아가는 존재가 될 때, 아이는 그 안에서도 방향을 잃지 않는다. 제도나 지침이 알려주지 않는 것을 부모는 감지할 수 있다.
그것이 교육의 본질이며, 진짜 변화를 이끄는 힘이다.

학부모, 변화를 이끄는 힘

아이를 바꾸기 전에, 내가 먼저 바뀔 수 있을까?

"요즘 애들, 뭐 하나 혼자 못 한다. 부모가 다 챙겨줘야 한다."

"그런데 내가 안 챙기면 다른 애들한테 뒤처질까 봐… 그게 더 무섭다."

한 학부모의 말에 주변 사람들이 조용히 고개를 끄덕인다. 모두 같은 감정을 안고 있다.

아이가 힘들어하면 내가 뭘 더 놓쳤나 불안해지고, 아이가 방황하면 내 탓인가 마음이 무거워진다. 학교는 변했고, 제도도 바뀌었는데, 왜 우리는 점점 더 지치고 힘들어지는 걸까.

지금 교육은 불확실성의 시대를 지나고 있다.

'공교육만으로 충분하다'는 말은 이제 위안처럼 들릴 뿐이고, '선택권'이라는 말은 더 많은 정보를 더 빨리 이해해야 한다는 부담으로 되돌아온다. 제도는 빠르게 바뀌고 있는데, 부모가 그 흐름을 따라가지 못하면 무지한 부모, 게으른 부모가 된 것 같은 죄책감도 따라온다.

그런데 가만히 생각해 보면 이상하다. 왜 가장 열심히 아이를 돕고 있는 부모가 늘 죄책감을 가져야 할까. 왜 변화는 늘 나를 지나쳐 결정되고, 그 결과만 내가 감당해야 하는 걸까. 이 질문을 거꾸로 던져본다. 지금 이 변화의 한가운데에서 나는 무력한 존재일까, 아니면 변화를 이끌 수 있는 사람일까. 이 책이 전하고 싶은 핵심은 바로 여기에 있다.

학부모는 단지 따라가는 존재가 아니라, 충분히 변화를 이끌 수 있는 사람이라는 사실. 단지 정책에 반응하는 것이 아니라, 아이의 삶을 함께 만들어가는 동료이자, 교육을 구성하는 실질적 주체라는 사실. 변화를 감지하고 해석하며 실행할 수 있는 가장 강력한 위치는, 멀리 있는 누군가가 아니라 바로 이 글을 읽는 당신이다.

부모는 더 이상 조연이 아니다

'교육 주체'라는 말을 들으면 대부분 교사와 학생을 먼저 떠올린다. 가끔은 정책 담당자나 학교 관리자, 교육 전문가를 떠올리는 경우도 있다. 그런데 이상하게도 부모는 여전히 주변에 머무른다. 상담을 요청하는 사람, 결과에 책임지는 사람으로만 이해되곤 한다.

하지만 생각해 보자. 아이를 가장 오래, 가장 깊이 알고 있는 사람은 누구일까. 매일 아침 아이의 표정을 살피고, 성적표를 받아 들고 숨죽이는 마음을 아는 사람. 학교가 끝난 뒤, 학원 사이의 빈 시간에 무슨 생각을 하고 어떤 말을 듣는지, 그 침묵을 옆에서 체감하는 사람은 누구일까.

바로 부모다. 그리고 이런 사람은 교육 시스템 전체에서 단 하나뿐이다.
부모는 감정과 행동, 학습과 관계, 꿈과 불안을 모두 일상 속에서 지켜보는 유일한 존재다. 그렇기 때문에 누구보다 직관적으로, 그리고 경험적으로 아이의 교육을 설계할 수 있다. 아이가 어떤 상황에서 긴장하고 무엇에 몰입하며, 어떤 순간에 고립감을 느끼는지 감지할 수 있는 눈은 시험 점수나 학교 서류로는 알 수 없다.
부모가 이런 감각을 갖게 된다면 그것이 곧 변화를 이끄는 힘이 된다. 교육은 지침과 시스템이 아니라 살아 있는 관계와 상황 속에서 작동한다. 그 안에서 가장 먼저 감지하고 반응할 수 있는 주체가 바로 학부모다.

제도가 아닌 관계로 바꾸는 교육

최근 몇 년간 우리 교육은 유난히 자주 그리고 빠르게 바뀌어 왔다.
2022 개정 교육과정, 고교학점제, 선택형 수능, 교사 권한 강화, 학생 선택권 보장 등 방향성과 취지는 어느 정도 이해된다. 하

지만 정작 그 변화의 중심에 있는 학생과 부모가 무엇을 준비해야 하는지에 대한 설명은 거의 없다.
대입 수시 비중이 줄고 정시가 확대된다고 하면, 부모는 입시 전략을 다시 짜야 한다. 고교학점제가 전면 도입되면, 내신에 유리한 과목을 따져야 한다. 수능 선택 과목이 바뀌면, 아이의 성향에 맞는 조합을 사교육 없이 찾아야 한다. 그러나 이 모든 과정은 대부분 스스로 해석해야 하고, 정보 역시 직접 찾아야 한다.

이때 부모가 할 수 있는 가장 강력한 일은 함께 해석하는 일이다.
아이에게 정답을 알려주는 대신 제도를 함께 읽고, 함께 이야기하고, 함께 의미를 찾아가는 것. 그 과정에서 부모는 지시자가 아니라 대화자가 되고, 아이는 선택의 결과를 따르는 존재가 아니라 선택의 주인이 되는 경험을 하게 된다. 교육은 그렇게 제도가 아니라 관계로 변화한다.
부모가 교육을 해석하는 능력을 갖게 되면 학교와의 관계도 달라진다.
"왜 이것밖에 안 해주느냐"라는 항의 대신, "함께 어떻게 만들어 갈 수 있을까"라는 제안이 생긴다. 한 아이의 성공에만 집중하는 시선에서 벗어나 모두의 학습권을 함께 바라보는 시선이 생긴다.
이것이 교육에 대해 시민의 눈을 갖는다는 의미다.

일상에서 시작되는 작은 변화들

부모가 변화를 이끈다는 것은 거창한 일이 아니다. 그것은 아주 구체적이고 작다.
아이가 어떤 기분으로 학교를 다녀왔는지를 묻는 일,
과목 선택이나 진로 이야기를 나눌 때 자신의 청소년 시절을 솔직하게 꺼내보는 일,
혼란스러울 때 "잘 모르겠지만, 같이 알아보자"라고 말할 수 있는 태도.
그런 작고 사소한 대화들이 아이를 교육의 중심에 세운다.

부모가 정보와 자원을 나누고 연대할 때 지역도 변할 수 있다. 서울 은평구에서는 학부모 독서 모임이 지역 학교와 연계한 인문학 프로그램으로 확장되었다. 이런 사례는 학교에 요구하기 전에 부모가 먼저 교육의 가능성을 실천해 보는 방식이다.

그리고 가장 중요한 변화는 아이에게서 시작된다.
부모가 변화를 두려워하지 않고, 모른다는 사실을 솔직히 인정하며 함께 탐색하는 모습을 보일 때, 아이도 혼란을 감추지 않게 된다. 실패를 무서워하지 않고, 선택을 실험으로 받아들이는 태도는 부모의 태도로부터 배운다.
그것이 바로 교육이다. 시험이 아니라 관계를 통해 성장하는 삶이다.

진짜 변화를 만드는 것은 '공감의 눈'이다

부모는 정책 전문가가 될 필요는 없다.
입시 컨설턴트가 될 필요도 없다.
하지만 부모는 해석자가 될 수 있다.
아이를 해석하고 제도를 해석하며, 그 둘 사이를 연결해 주는 다리가 될 수 있다.
그리고 무엇보다 공감의 눈을 가진 사람이 되어야 한다.

지금 우리 교육에 가장 필요한 것은 시스템이 아니라 신뢰이다. 그리고 신뢰는 일상적인 감정에서 시작된다. 아이가 '내가 뭘 해도 엄마는 나를 믿는다'고 느끼는 순간, 그 믿음이 학교를 통과하고 진로를 관통하며 자아를 세운다.
정책이 아무리 자주 바뀌어도,
시대의 속도가 아무리 빨라도,
부모의 시선이 흔들리지 않는다면 아이는 중심을 잃지 않는다.
이 말은 단순한 위로가 아니다.
실제로 지금 우리 교육의 변화는 가정 안에서부터 시작되는 경우가 점점 많아지고 있다.
변화는 위에서 내려오는 명령이 아니라, 아래에서부터 번져가는 감각이다.
그리고 그 감각을 가장 먼저 가질 수 있는 사람이 있다면, 바로 부모다. 바로 우리다.

다음 세대를 위한 교육의 방향

"우리 아이만 잘되면, 정말 괜찮은 걸까?"

경쟁만으로는 미래를 만들 수 없다

"지금은 공부가 전부야. 이 판에서 밀리면 나중에 정말 아무것도 안 돼."

"솔직히, 우리 애만 잘되면 되는 거 아닌가요? 세상이 공정하지 않은데, 내가 손해 볼 순 없잖아요."

이런 말은 한 번쯤 우리 입에서도 나왔던 문장이다. 아니, 자주 되뇌며 스스로를 위로했던 말일지도 모른다. 우리는 아이를 위해서라면 무엇이든 해야 한다고 믿어 왔다.

좋은 유치원, 좋은 초등학교, 내신 관리에 유리한 중학교, 전략적으로 고른 고등학교. 입시에 유리한 선택, 안정적인 직업. 그렇게 아이의 삶을 '성공'이라는 두 글자에 맞춰 설계해 왔다.

그렇게 해서 우리 아이는 살아남을 수 있을까.

그리고, 정말 살아갈 수 있을까.

돌이켜 보면 우리도 그랬다. 입시의 문턱, 경쟁의 틈바구니, 줄 세우기와 비교의 연속 속에서 때로는 포기했고, 때로는 버텼다.

그러면서도 다시 아이에게 똑같은 길을 걷게 한다.
더 치열하게,
더 빠르게,
더 완벽하게.
하지만 지금의 아이들은 과연 그 길을 가야 하는 걸까.
이 질문에 답하기 위해서는 제도의 변화만 좇는 것이 아니라,
교육의 목적 자체를 다시 묻는 시간이 필요하다.
이 글은 바로 그 질문에서 시작한다.

성공의 기준이 바뀌고 있다

한때 성공은 매우 선명한 그림이었다. 명문대 입학, 안정된 직장, 내 집 마련, 결혼과 출산. 사회는 그 경로를 따라 사는 삶에 정상이라는 이름을 붙였고, 교육은 그 코스를 따라가는 훈련으로 기능했다. 하지만 지금은 그 기준이 더 이상 유효하지 않다. 아니, 오히려 위협적인 프레임이 되어가고 있다.

기술 변화는 삶의 구조를 바꾸고 있다. 인공지능은 반복 업무와 계산 능력을 인간보다 빠르고 정확하게 수행하며, 대부분의 전통적인 직업군을 재편하고 있다. 채용 방식도 과거의 자격과 배경보다 문제 해결력과 협업 태도, 새로운 맥락을 이해하는 능력을 우선시한다. 문제는, 이런 능력은 암기와 훈련만으로는 길러지지 않는다는 점이다.

더 중요한 변화는 성공이라는 단어에 대한 청년 세대의 감정이다. 그들에게 성공은 동경이 아니라 압박이다. 정해진 코스를 벗어나면 실패라는 낙인이 찍히고, 타인의 기대를 충족시키지 못하면 낙오자가 되는 듯한 감각. 이는 성취의 동기가 아니라 존재의 위기를 낳고 있다.
이제는 성과보다 성장, 외형보다 내면, 결과보다 방향이 더 중요해지고 있다.
실제로 많은 글로벌 기업들은 학벌이나 전공 대신 문제 해결 능력, 팀워크, 변화 적응력을 인재 선발의 핵심 기준으로 삼고 있다. 하버드대 교육대학원도 더 이상 시험 점수를 가장 중요한 평가 기준으로 보지 않는다.
이처럼 전 세계 교육의 흐름은 결과 중심에서 역량 중심으로 이동하고 있다.

그렇다면 부모인 우리는 아이를 어떤 관점에서 바라봐야 할까. 여전히 점수와 등수, 경쟁력이라는 잣대만으로 아이를 평가하고 있다면, 우리는 이미 변화의 흐름에서 멀어진 것일 수 있다. 앞으로는 더 자주, 더 오래, 더 유연하게 배워야 하는 시대다. 한 번의 입시로 모든 가능성을 결정할 수 없으며, 무엇보다 계속 배우는 사람으로 살아가는 법을 익히는 것이 진짜 경쟁력이다.

그래서 교육은 끝이 아니라 시작이어야 하며, 결과가 아니라 과정 자체가 중심이 되어야 한다. 우리는 아이에게 단단한 갑

옷을 입히는 것이 아니라, 낯선 상황에서도 스스로 방향을 찾아갈 수 있는 나침반을 쥐어줘야 한다.
결국 우리가 아이에게 줄 수 있는 최고의 선물은, 끝까지 살아낼 수 있는 사람으로 자라는 힘이다.

다음 세대를 위한 교육은 '사람'을 중심에 둔다

지금까지의 교육은 주로 지식 전달에 초점을 맞춰왔다.
무엇을 얼마나 많이 아는가가 평가의 기준이었고, 빠르게 외우고 정확히 답을 고르는 아이가 인정받았다.
하지만 지금의 시대는 '모르는 것을 어떻게 배우는가' '문제를 함께 풀어가는 태도는 어떤가'가 더 중요한 평가 기준이 되고 있다.

정보는 이제 아이들 손안에 있다.
교과서보다 빠른 검색엔진, 선생님보다 다양한 유튜브 채널이 지식의 흐름을 만든다.
그렇다면 교육이 해야 할 일은 정보를 채워주는 것이 아니라, 정보를 '해석하고 판단하고 연결하는 능력'을 길러주는 일이다.
이 능력은 결국 사람과의 관계 속에서 자란다.

아이들은 친구와의 갈등을 해결하면서 협상력을 익히고, 부모와의 대화를 통해 감정을 조절하는 법을 배운다. 교사와의 상담 속에서 자기 내면을 탐색하고, 다양한 시선을 접하면서 삶의 다양성을 이해한다. 이것이 바로 교육의 진짜 장면이다. 칠판 앞이나 시험지 위가 아니라, 일상에서 만나는 사람과의 관계 안에서 교육은 작동한다.

따라서 다음 세대를 위한 교육은 공동체적이어야 한다. 혼자 잘되는 교육은 더 이상 의미가 없다. 협력하지 못하는 우수성은 오히려 위험한 무기가 된다. 공감하지 못하는 뛰어남은 오히려 타인을 억압하는 구조가 되기 쉽다. 사회가 복잡해질수록, 아이에게 필요한 것은 단단한 자기중심이 아니라 유연한 공동체 감각이다.
그 힘은 타인을 이기면서 생기는 것이 아니라, 타인과 함께할 수 있다는 믿음에서 자란다. 그 믿음은 수업 시간이 아니라 가정의 식탁에서, 학교 복도에서, 친구와의 관계에서 축적된다. 우리는 그 장면마다 아이의 옆에 있어야 한다.

다음 세대를 위한 교육이란 결국 아이를 사람으로 키우는 일이다.
기능과 성과의 틀을 넘어, 감정과 관계, 존중과 책임을 배울 수 있는 환경을 만드는 일이다. 그리고 그러한 교육은 어른이 먼저 사람답게 살아가는 방식을 실천할 때 시작된다.

교육은 사람이 사람에게 전하는 것이다

이제 우리는 질문해야 한다.

"나는 어떤 어른으로 아이 앞에 서 있는가."

다음 세대를 위한 교육은 제도나 정책만으로 완성되지 않는다. 교육부의 방향이 옳고, 교과서가 아무리 정비되어도, 그것을 해석하고 실천하는 것은 결국 우리 각자의 몫이다. 교사와 부모, 지역과 사회가 함께 책임지는 교육이 아니라면, 그 제도는 껍데기에 머물 가능성이 크다.

아이에게 가장 큰 영향을 주는 건 결국 가까이에 있는 사람이다. 부모의 말투, 교사의 표정, 지역 사회의 가치가 아이의 세계관을 만든다. 더 나은 교육을 바란다면, 더 나은 어른이 되어야 한다.

다음 세대는 단지 똑똑한 아이들이 아니라, 건강한 관계를 맺고 삶을 이해하며 자신을 존중할 수 있는 사람으로 자라야 한다.

우리는 더 이상 아이에게 무엇을 시킬 것인가를 고민하기보다, 어떤 어른이 되어 함께할 것인가를 고민해야 한다.

교육은 시험을 통과시키는 기술이 아니라, 함께 살아가는 삶을 전수하는 문화다.

그 문화는 교실이 아니라, 우리 삶 전체에서 자란다.

이제, 교육의 중심은

제도에서 사람으로,
성과에서 관계로,
지식에서 성장으로 이동해야 한다.

그리고 그 변화는, 먼 데서 오는 것이 아니다.
바로 지금,
여기 있는 나로부터 시작된다.

마음 한 칸, 생각 메모

마음이 들려주는 이야기를 남겨 보세요.

에필로그

어쩌다, 그러나 결국 학부모인 우리에게

“나는 어쩌다 학부모입니다.”
이 말 속에는 조금은 당황스럽고, 때론 억울하며, 무엇보다도 진심 어린 애정이 담겨 있습니다.
계획하지 않았지만 책임지게 되었고,
익숙하지 않지만 끝까지 놓을 수 없는 역할.
바로 ‘부모’라는 자리입니다.

이 책은 누군가를 가르치기 위해 쓴 글이 아닙니다.
오히려 함께 헤매고, 함께 고민하고, 함께 다짐하기 위한 기록입니다.
변화하는 교육 제도 앞에서 매번 불안해지고, ‘나만 모르는 건 아닐까’ 하는 마음으로 인터넷을 뒤지고, 아이의 표정 하나에도 쉽게 무너지는 마음. 그 모든 것이 바로 우리의 일상이고 우리의 교육입니다.

우리는 때로 좋은 부모가 되기 위해 너무 많은 것을 요구받습니다.
최신 정보를 알고 있어야 하고, 입시 흐름도 꿰고 있어야 하고,
감정적으로도 늘 안정되어 있어야 한다고 생각합니다.

하지만 이 책이 말하고 싶은 건 조금 다릅니다.
완벽한 부모가 아니라 함께 자라는 사람이 되는 것.
그게 진짜 교육이고 우리가 아이에게 줄 수 있는 가장 큰 선물이라는 사실입니다.
지금 우리는 교육의 거대한 변곡점에 서 있습니다.
제도는 빠르게 바뀌고 미래는 여전히 불확실합니다.
하지만 확실한 것이 하나 있다면, 교육은 여전히 사람을 통해 이루어진다는 것입니다.
그리고 그 사람은 누구보다도 가까운 **나**,
바로 **부모인 당신**입니다.

이 책을 끝까지 읽어준 당신에게

이 책을 끝까지 읽어주셔서 감사합니다.
모든 문장을 쓰는 동안 작가들은 아이보다 먼저 부모를 떠올렸습니다.
무엇이 옳은지 몰라 매번 검색창을 열어보는 당신,
아이의 한숨이 나 때문은 아닐까 걱정하는 당신,
'이렇게 하는 게 맞을까' 늘 자신 없는 당신을요.

그 마음이 참 고맙고, 존경스럽습니다.
아이의 성장 뒤에는 늘 보이지 않는 수많은 결심과 인내가 있다는 걸,
그 누구보다 잘 알기 때문입니다.

혹시라도 이 책의 한 문장이, 당신의 마음을 덜 무겁게 해주었다면,
혹은 아이와의 대화에 작은 용기를 더해주었다면,
그것이면 충분합니다.

이 책은 아이를 키우면서 다양한 경험을 한 다양한 부류의 작가들이 그걸 위해 쓴 글이니까요.
부디 잊지 마세요.

우리는 단지 어쩌다 학부모가 된 것이 아니라,
누구보다 아이의 삶을 가까이에서 함께 살아가는 사람입니다.
그것이면, 교육의 주체로서 충분합니다.

고맙습니다.
그리고 오늘도 수고 많으셨습니다.

- 저자 일동

저자 약력

장희재

[경력] 이학 박사
생각근육 트레이너
김해여고 과학교사
전문상담교사

[전문강사] 진학 컨설팅, 과학과제(심화)연구, 학생부, 창의력

[수상] 남강교육상, 과학교사상, 과학전람회 국무총리상 외 50여 회

[저서] 계열 끝판왕 시리즈 7권(공저)

김민정

[경력] 뉴에듀컨설팅 대표
교육 입시 컨설턴트
공익활동모임 '꿈트리 가드너' 대표
교육 전문가 봉사단체 '오늘과 내일의 학교' 간사
㈜가르침에듀 책임연구원, 강사

구제원

[경력] 학부모 소통 전문가
교육부 인성교육 우수교원
새별초등학교 학교폭력전담교사

곽유영

[경력] 곽유영늘감사상담센터장
내면아이치료 전문가
간디중학교 운영위원장

[저서] 우리집은 마법학교(공저), 내면아이 마술사 되다

김정은

[경력] 고등 역사 교사
교사성장학교 운영진
명쾌한김선생 블로그, 유튜브, 티처빌 연수 운영

백경애

[경력] 공감에듀 대표
학습, 진로, 입시 컨설턴트
학부모 교육 강사

위정선

[경력] 창 논술 & 컨설팅 대표
입시 논술, 학습, 진로 컨설팅
진로진학 탐구보고서 전문강사
진로진학상담사 1급
한국컨설팅협회 소속

이다교

[경력] 중고등 학부모회장
영어동화전문강사
결혼가족아동상담학석사

정지영

[경력] 교육학 박사
장천초등학교 교사
한국퍼실리테이터협회 인증퍼실리테이터(CF)
경상남도교육청 위촉 학부모 학교참여 소통지원단

[저서] 수업민주주의, 러닝퍼실리테이션 수업 어떻게 할까요?(공저)

정태준

[경력] 아빠진로 아카데미 대표
학부모 교육 강사
청소년 진로 교육 및 상담

[저서] 보통 아빠와 함께하는 특별한 진로 여행

최재덕

[경력] 초중고 학부모회 임원(9년)
기린마을 대표
나주시청소년상담복지센터 강사

홍혜진

[경력] 학교운영 위원(7년)
진로진학상담사 1급
청담나음자기주도학습센터장
GFAT검사 강남지사 청담센터장

김가현

[경력] 화학 교사
통합과학 선도교사
터치교사단 3기

총괄기획

정동완

[경력] 교육 전문가 봉사단체 '오늘과 내일의 학교' 회장.
교육부인가 비영리사단법인 '가르치는 사람들의 재능나눔 네트워크' 초대회장 역임.
EBS 진로진학 대표강사 역임.
베스트셀러 『나만 알고 싶은』, 『오답의 모든 것』 시리즈 등의 책 124권을 기획.
'AI 진로진학 My Best 컨설팅 프로그램', 'AI 동화작가' 기획과 자문.
교원연수 티처빌 [과제탐구 마스터], 티셀파 [자존감 수업], [강의의 품격] 등 다양한 원격연수 총괄기획.
진로, 진학, 공부, AI 관련 특강 2000회, 캠프 950회 이상 진행한 전국구 인기강사.

어쩌다 대한민국 학부모!?

- 입시보다 어려운 진짜 부모 되기 -

2025년 9월 25일 1판 1쇄 인쇄
2025년 9월 30일 1판 1쇄 발행

공저자 : 장희재, 김민정, 구제원, 곽유영, 김정은, 백경애, 위정선
이다교, 정지영, 정태준, 최재덕, 홍혜진, 김가현
기 획 : 정동완
발행인 : 한정주
발행처 : 교육과학사

주소 : 경기도 파주시 광인사길 71
전화 : (031)955-6956~8 / 팩스 (031)955-6037
Home-page: www.kyoyookbook.co.kr
E-mail: kyoyookbook@daum.net
등록: 1970년 5월 18일 제2-73호

정가: 20,000원

ISBN 978-89-254-1921-3

Printed in Korea.